Als Inhaber oder Geschäftsführer eines mittelständischen Unternehmens bist du Fachmann, Rechtsanwalt, Finanz-Auskenner, Personal-Versteher, Animateur, Mediator - und sollst dich auch noch mit Marketing auskennen?!

Unmöglich! Deine Firma bringst du nur mit erfahrenen Spezialisten in jeder Disziplin voran!

www.nils-brennecke.de
mittelstand@nils-brennecke.de

Originalausgabe, 1. Auflage November 2023
© 2023 by HaardtLine Verlag, Matthias-Grünewald-Ring 95, 97422 Schweinfurt

Die im Buch veröffentlichten Ratschläge wurden vom Verfasser und Verlag sorgfältig erarbeitet
und geprüft. Eine Garantie kann jedoch nicht übernommen werden. Ebenso ist die Haftung des
Verfassers beziehungsweise des Verlages und seiner Beauftragten für Personen-, Sach- und
Vermögensschäden ausgeschlossen.

Autor: Nils Brennecke
Korrektorat: Christian Wermke
Fotos: Bernd T. Melde
Druck: FLYERALARM GmbH
Printed in Germany

ISBN: 978-3-00-076791-3

Bibliografische Information der Deutschen Nationalbibliothek
Die Deutsche Nationalbibliothek verzeichnet diese Publikation in der Deutschen Nationalbibliografie.

nils-brennecke.de

**NILS BRENNECKE**

# SO GEHT MARKE- TING!

**WIE DU MIT DEM 360°-KONZEPT ENDLICH DURCHSTARTEST UND ABZOCKER ENTLARVST**

**FÜR KMU & MITTELSTAND**

**Haardt***Line*

# IN DIESEM BUCH

# HALLO MITTELSTAND!

Herzlichen Glückwunsch! Du zeigst allein schon mit dem Kauf dieses Buches, dass du es ernst meinst. Ernst, dich von nun an professionell um dein Marketing kümmern zu wollen. Du willst nämlich endlich Ergebnisse haben, die messbar sind. Bodenständige Lösungen, klare Sprache und einen Unterstützer, der dich verständlich und auf Augenhöhe begleitet – und auch mal eine Ansage macht, wenn es nötig ist. Das bedeutet nicht, dass du plötzlich selbst irgendwelche Konzepte zu Papier bringen sollst. Nein, es geht schlichtweg darum, dass endlich ein sauberes 360-Grad-Konzept auf deinen Tisch muss, dass Schluss mit Klein-klein und Trippelschritten macht. Bis jetzt hat dir ein echter Fachmann mit einer jahrzehntelangen Erfahrung gefehlt, der als Mittelständler und Unternehmer dieselbe Sprache spricht, deine Situation versteht und Lösungen anbieten kann. Das Ganze ohne denglisches Marketing-Blabla, denn das konntest du nie leiden, geschweige denn verstehen.

Und neben meinem Glückwunsch lass' dir gleich noch einen wertvollen Tipp geben: Lies dieses Buch möglichst in einem Rutsch durch. Wenn du nicht gerade im Urlaub bist und das an zwei, drei Tagen erledigen kannst, dann nimm dir jeden Tag 20 Seiten vor. Denn nur, wenn du wirklich am Ball bleibst, kommst du vorwärts. Das gilt ja bekanntlich für alle

Lebenslagen. Und noch eine Empfehlung: Wenn du nicht im Mittelstand zuhause bist, dann reiche das Buch gerne weiter. Es zu lesen, wäre sonst Zeitverschwendung. Geschrieben habe ich dieses Buch, um Inhabern, Geschäftsführern und Verantwortlichen in kleinen und mittleren Unternehmen (KMU) beziehungsweise Verantwortlichen in klassischen mittelständischen Unternehmen wertvolle Tipps an die Hand zu geben, wie sie mithilfe eines schlüssigen Marketingkonzepts ihr Unternehmen, ihre Produkte oder Leistungen noch erfolgreicher machen.

Mit diesem Buch wird es dir vor allem auch möglich sein, endlich schwarze Schafe der Marketingbranche zu identifizieren. Denn ab sofort ist Schluss mit Ausgaben, die dir und deinem Business rein gar nichts nützen. Auf der Stelle treten ab jetzt die anderen! ⌐Jetzt ist es an der Zeit, ein schlüssiges und vor allem wirksames Konzept sowie Struktur in dein Marketing zu bringen – professionell, mutig und mit Köpfchen!⌐Regionaler Marktführer wird und bleibt man nämlich nur, wenn einen die Zielgruppe kennt, wenn man sich immer wieder zeigt und somit nicht in Vergessenheit gerät⌐Dazu müssen permanent Kohlen ins Feuer.⌐Und genau dafür habe ich dieses Jetzt-wird-umgesetzt-Buch für dich geschrieben.

Wobei: Das Wort „professionell" mag ich als beschreibendes Attribut für die Leistungsfähigkeit von Unternehmen überhaupt nicht. Noch schlimmer ist das Wort „kompetent". Das hörst du in jedem zweiten Radiospot. „Kompetent" – aha. Das ist die Kernbotschaft? Man ist lediglich kompetent? Also wenn ich mir jetzt vorstelle, mich als „kompetent" darzustellen, würde ich mich zutiefst schämen. Kompetent wird mit „ausreichend fähig sein" definiert. Und ausreichend entspricht der Schulnote vier. Wer sich mit seiner Firma also als „kompetenter Partner" präsentiert, der sagt tatsächlich, dass er nix kann. Zähle spaßeshalber mal in einem Werbeblock im Radio mit: Es ist wirklich unglaublich, in wie vielen Spots dieser Quark vorkommt. Oder können der Unternehmer oder das Produkt vielleicht doch etwas – nur der angeheuerte „Marketingexperte" eben nichts? Korrekt. Da liegt der Hund begraben! Und genau darum geht's in diesem Buch: Ich decke auf, wie du diese schwarzen Schafe der Branche entlarvst und wie du an Dienstleister kommst, die ihren Job mehr als nur „kompetent" machen – nämlich sehr gut, um im Schulnotensystem zu bleiben.

Man sollte doch davon ausgehen, dass jeder, der eine Firma gegründet hat und seit Jahren führt, sein Handwerk versteht, also ein Vollprofi ist. Sollte. Denn das ist beileibe nicht die Norm – vor allem nicht in der Marketingbranche. Glaube mir: ⌜Seit Jahrzehnten begegnen mir immer wieder Kollegen, bei denen mir nicht klar ist, wie sie Kunden gewinnen und von ihrer Arbeit leben können⌟ Und das ist genau das Problem: Im Mittelstand und bei KMU ist das Thema Marketing nicht unbedingt beliebt. Du kennst es selbst: Es ist wird oftmals als notwendiges Übel betrachtet. Es fehlt grundsätzlich an Zeit, sich mal in Ruhe hinzusetzen, durchzuschnaufen und zu überlegen, wohin die Reise mit der Firma überhaupt gehen soll. Es läuft halt immer irgendwie. Mal schlechter, mal besser. Hinzu kommt, dass man, als Unternehmer, der sich um seine Werbung selbst kümmert, gar nicht weiß, wem man überhaupt trauen kann. Der Markt an Werbemenschen ist so voll wie die Frankfurter Zeil in der Vorweihnachtszeit.

Obendrein ist der Anteil an schwarzen Schafen in der Werbebranche zigmal höher ist als bei den Immobilienmaklern. Und warum weiß das niemand? Na ja, weil die Marketingleute sich nun mal verkaufen können und die Immobilienmakler nach wie vor große Schwächen in der Eigenvermarktung haben. Bis die ihren zerkratzten Lack einigermaßen aufpoliert haben, wird es noch ein Weilchen dauern. Wie du ein schwarzes Marketingschaf identifizierst, gute Leute und somit auch ein erfolgreiches Marketing findest, das messbaren Umsatz liefert, und was man alles im Blick haben muss, um langfristig im Markt sichtbar zu sein, das lernst du in diesem Buch. Sei also gespannt!

Weil ich nach 35 Jahren in der Branche mit allen Wassern in diesem Bereich gewaschen bin, kann ich diese immense Erfahrung jetzt, 50-jährig und mit viel Freude als externer Berater, weitergeben. An dich zum Beispiel. Wenn du nach der Lektüre dieses Buches Lust auf eine Zusammenarbeit mit mir hast, dann an dieser Stelle schon mal der Hinweis: Ich bin kein Ja-Sager. Ich bin ein kritischer Hinterfrager, ein Vollblut-Vertriebsmensch mit dem unbedingten Willen zu erfolgreichen Lösungen. Das ist ein echter Vorteil für dich und deine Company.

Als ich 2001 meine Werbeagentur gegründet und als mittelständischen Betrieb entwickelt hatte, gab es noch keine Webinare, so wie man sie heute in den sozialen Medien täglich angeboten bekommt. Zack draufklicken, mit PayPal oder Digistore24 bezahlen und ab geht die Lutzi – nein, nein. Nichts dergleichen. Da hat es Kurse gegeben. Bei der IHK. Diese Veranstaltungen waren damals so trocken wie die Wüste Dubais Mitte Juli. Coole Mentoren, die – wann immer man möchte – richtig geil Know-how vermitteln können, gab es schlichtweg nicht. Alle Erfahrungen musste ich selbst sammeln. Sowohl fachlich, als auch betriebswirt-

schaftlich als Unternehmer mit der Verantwortung für mehr als 20 Festangestellte – als KMUler.

Deswegen ist dieses Buch für dich so wertvoll. Ich lotse dich durch den
Marketingdschungel, warne dich vor den dort lauernden Gefahren und zeige dir, welcher Weg für dich als Mittelständler der richtige ist, um ans sichere Ziel zu kommen, um von dir reden zu machen. Denn das musst du als
Unternehmer. Wenn der Laden läuft, dann erst recht. Wenn er nicht (mehr)
läuft, dann sowieso – in der Hoffnung, dass es noch nicht zu spät ist.

Freue dich, dass du auf mich aufmerksam geworden bist und nun dieses
wertvolle Buch vollgepackt mit 35 Jahren Marketing-Know-how in deinen Händen hältst. Ich wünsche dir maximalen Spaß beim Lesen. Und
wenn du noch auf dem Marketing-ist-ein-notwendiges-Übel-Trip sein
solltest: das vergeht ;-) Denn am Ende des Buches weißt du, wie die
Marketingmaschinerie läuft und dass es schließlich ums Geldverdienen
geht. Das ist ja der Sinn einer Unternehmung: Leistung gegen Geld.

Meine größte Freude ist es, dir durch meine jahrzehntelange Erfahrung,
durch Tipps und Tricks zu mehr Erfolg verhelfen zu können. Wenn du
magst, dann kontaktiere mich jederzeit. Gerne prüfe ich, inwieweit ich
dir und deiner Firma als Marketingexperte weiterhelfen kann – mit
einem fundierten und individuell auf deine Bedürfnisse angepassten
Marketingkonzept, das die Basis für deine unternehmerische Weiterentwicklung ist.

Herzlichst, dein Nils Brennecke

# KAPITEL 1

# KEIN KONZEPT

# =

# KEIN ERFOLG

Es ist für Inhaber und Geschäftsführer von kleinen und mittleren Unternehmen oft sehr schwer herauszufinden, welcher Marketingdienstleister der richtige ist. Oder: Welcher Marketingdienstleister überhaupt sein Handwerk versteht. Denn in diesen Firmen gibt es in der Regel keinen erfahrenen Marketingverantwortlichen. Und in der Werbebranche machen noch immer Kleider Leute. Das sind alles smarte Menschen in Sneakern, die von Leads und Benefit sprechen – und am Ende des Termins ist der Unternehmer so schlau wie vorher. Zur Krönung erhält er dann ein Angebot für eine Leistung, die ihn erst einmal kräftig schlucken lässt, um dann zähneknirschend zu unterschreiben – irgendwas muss ja schließlich marketingtechnisch unternommen werden. Denn auch der Unternehmer weiß: Wer nicht wirbt, der stirbt. Und dann nimmt das Unheil seinen Lauf.

Der selbst ernannte Marketingexperte hat eine Internetagentur, baut Webseiten und verkauft diese als den heiligen Gral. Er macht dann noch ein paar Fotos vom Team und vom Büro des Kleinunternehmers, oftmals mit seinem Handy. Dann schickt er dem Unternehmer einen Link zur Durchsicht der neuen Webseite. Der findet die Seite schön, seine Frau findet sie meist noch schöner. Und somit gibt er sie frei und am nächsten Tag ist die neue Webseite online – und der Unternehmer um ein paar tausend Euro entlastet. So sieht die Realität im Mittelstand aus, insbesondere im Handwerk und im Bereich kleinerer Dienstleistungsunternehmen.

# GELD BEZAHLT UND DER MARKETING-ERFOLG BLEIBT AUS

Was ist das Problem? Der eigene Laden könnte besser laufen. Man ruft also den örtlichen „Marketingfachmann" an und verspricht sich davon dann nie dagewesene Umsätze. Was passiert aber nach dieser „Marketingmaßnahme"? Nichts. Null. Nothing! Natürlich nicht. Was soll auch passieren, wenn plötzlich die Webseite von jemandem ausgetauscht wurde, der entweder frisch von der Uni kommt, seine „Marketingkenntnisse" nur stundenweise im Nebenerwerb auslebt oder nach einer Karriere als erfolgreicher Autoverkäufer nun ein Büro für Marketingleistungen eröffnet hat? Der Unternehmer spekuliert auf zwei, drei, fünf, zehn Aufträge mehr am Tag? Warum? Wie soll das funktionieren? Das kann und wird nicht passieren. Und das merkt der Unternehmer natürlich nach einiger Zeit. Er kriegt selbstverständlich die Wut auf seinen „Experten", den er für teuer Geld angeheuert hat. Die Folge: Er wird den Marketingdienstleistern gegenüber noch misstrauischer, als er es sowieso schon immer war. Die Branche findet er nämlich beinahe schon unseriös – unnahbar sowieso. Diese Schnösel, die im Mini Clubman auf den Hof gefahren kommen und „gescheit" daherreden, versteht er sowieso nicht. Ihre denglische und für die Branche vollkommen übliche Fantasiesprache erst recht nicht. Die will er auch gar nicht verstehen. Selbst bei Versammlungen in der Innung reden sie seit Jahren schon überwiegend negativ über diese Werbefuzzis, diese arroganten. Marketingmenschen kommen für bodenständige Unternehmer sowieso von einem anderen Stern. Jeder Immobilienmakler kann, wenn er es anständig anstellt, mit einem polierteren Image ein Geschäft abschließen, als so manch „kompetenter und professioneller" Marketingexperte aus Klein-Knottersdorf.

Mir ist es wichtig, hier vollkommen offen zu sprechen. Ich beschönige rein gar nichts. Ich bin nämlich der selbsternannte Vorstandsvorsitzende des Vereins für offene und ehrliche Aussprache ;-) Mein Anspruch ist es schließlich, dir schonungslos offenzulegen, wo die Tücken liegen. Tücken, die dich um Zigtausende erleichtern können, ohne jemals auch nur einen Hauch an Erfolg am Horizont zu sehen. Das hier ist auch keine Abrechnung mit Berufsanfängern oder Neulingen in der Branche. Jeder fängt mal klein an. Ich kann doch aber seriöserweise nur ein Produkt, in diesem Fall eine Dienstleistung, anbieten, die zu 100 Prozent leistet, was sie verspricht. Jedes Produkt, das im Handel zu haben ist, entspricht irgendwelchen Vorgaben des Gesetzgebers. Angefangen von der Schriftgröße auf dem Weinflaschenetikett bis hin zu aufwendig in der Fabrik durchgeführten Sicherheits- und Ableitungsprüfungen bei Elektrogeräten. Wie Dienstleister, die nur Halbgares in der Pfanne haben, als Chefkoch an den Start gehen können, ist mir schleierhaft. Jemand, der Webseiten für Hassos Hundesalon, Heikes Haarstübchen und Karins Kleintierpraxis baut, ist keine Werbeagentur. Das sind keine Marketingfachleute. Nein, das sind sie nicht. Sie sind Webseitenbauer. Das machen die wahrscheinlich auch alle gut. Man kann dort sicher auch seine Webseite bauen lassen, wenn es unbedingt sein muss – allerdings im Rahmen eines zuvor aufwendig ausgetüftelten Plans, eines Marketingkonzepts, einer Marketingstrategie. Auch die Betreuung einer Webseite, die in der Folge meistens superwichtig ist, können diese Dienstleister nicht bieten. Also technisch können sie das schon – das kann mit WordPress sogar jede Schwiegermutter im Vorstadium ihrer Demenz. Sie können es strategisch nicht. Weil sie überhaupt nicht wissen, wie dein Markt funktioniert, welche Sprache da gesprochen wird und womit man die Zielgruppe triggern muss.

Diese kleinen Webseiten- oder Grafikbüros können Templates zusammenfügen, ein Logo drübersetzen und auch im Idealfall ein Newsletter-Tool in die Webseite integrieren. Die können Flyer und Visitenkarten gestalten und den Briefbogen auch noch, wenn der heutzutage überhaupt noch gedruckt benötigt wird. Sie haben vielleicht auch ein grafisches

Studium absolviert. Das ist ehrenwert. Aber auch sie können kein gesamtheitliches Marketingkonzept unter Heranziehung aller Erfordernisse auf die Beine stellen, die das 200-köpfige Stahlhandelsunternehmen braucht, das nebenher noch einen Haustüren- und Fensterhandel betreibt – also unterschiedliche Zielgruppen bedient. Sie können wunderschöne Broschüren gestalten, kennen sich mit Typografie aus. Aber – und das haben sie schlichtweg nie gelernt – sie können Unternehmen nicht darin beraten, welcher Schritt zuerst nötig ist, wenn der Unternehmer ihnen etwa sein Leid über die hohe Fluktuation innerhalb der Belegschaft klagt.

**Deine Mitarbeiter
werden stolz darauf sein,
in einer Firma zu arbeiten,
die einen professionellen
Außenauftritt hat.**

# NUR IN LEISTUNGEN VON PROFIS INVESTIEREN

Ich kann es gar nicht mehr zählen, wie oft ich höre: „Die Fotos für die Medien, die wir im Rahmen unserer neuen Konzeption brauchen, mache ich selbst." Ich frage dann immer: „Ach, sie haben auch eine Ausbildung zum Werbefotografen absolviert?" Und dann kommt immer dieselbe Antwort: „Nein, aber ich habe eine unheimlich teure Kamera mit einer gigantischen Auflösung gekauft."

⌐ICH BIN DOCH ABER AUCH KEIN METZGER, NUR WEIL ICH EIN GEILES MESSER IN DER SCHUBLADE HABE! Soll ich es noch lauter sagen ;-) ? ⌐

⌐Dynamik, Licht, Stimmung, Location, Position – wenn geile Fotos gebraucht werden, dann ist Hollywood angesagt.⌐ Und zwar oscarreif⌐ Mit Leuten, die wissen, was sie tun. Klingt nach teuer. Ist es mitunter auch. Aber es lohnt sich. Es geht doch ums Weiterkommen, ums Abheben vom Wettbewerb, um Erfolg und Umsatz. Also: Weg mit der „teuren und guten" Kamera, weit weg. Der Metzger, der so geile Shootings macht, dass gestandene Fotografen blass werden, der wäre doch doof, weiter im Wurst-Brät zu rühren. Der wäre Starfotograf, würde das Vielfache verdienen und entscheiden, wann und wo er wen shootet. Fotografen sind übrigens fast alle kleine Diven.

Wie kann es also passieren, dass so unglaublich viele Unternehmer Geld im Marketing versenken, ohne dabei auch nur die kleinste Chance auf Profit zu haben? Ist doch klar: Es gibt im Dienstleistungsbereich keinerlei Qualitätsvorgaben, geschweige denn irgendein Siegel, wie es auf jedem Produkt im Regal Pflicht ist. Selbst im ehrenwerten Handwerk war das schon mal strikter – seit Jahren müssen längst nicht mehr alle Handwerker einen Meistertitel vorweisen, wenn sie sich mit ihrer neuen Firma auf die Menschheit stürzen wollen. Unglaublich.
Immerhin wird das Thema Marketing in der Meisterschule zumindest am Rande behandelt. Ausbilder, die ihren Job ernst nehmen, halten sich diesbezüglich sinnvollerweise bedeckt und laden Experten ein. Es macht mir immer große Freude, den jungen Leuten, die in Kürze Vollgas geben wollen, ein bisschen Marketing-Basics in der Meisterschule servieren zu dürfen. Da kommt Schwung in die Bude, da macht Unterricht Spaß – vor allem den angehenden Meisterinnen und Meistern.

Und schon bin ich wieder bei meinen Freunden, den Immobilienmaklern: Die müssen tatsächlich im Drei-Jahres-Rhythmus eine mindestens 20-stündige Fortbildung nachweisen, um ihre Lizenz aufrechtzuhalten. Wer heute als Immobilienmakler arbeitet, der hat immerhin bei der IHK nachgewiesen, dass er eine saubere Weste hat, solvent und nicht vorbestraft ist und somit Geschäfte nach Paragraph 34c der Gewerbeordnung (GewO) machen darf. Das ist besser als nix. Der Ruf der Branche ist weitaus schlimmer – nicht selten werden Immobilienmakler gar als „Verbrecher" beschimpft.

Betrachten wir uns den Fall doch mal analytisch: Nachdem sich der sogenannte „Fachkräftemangel" derzeit langsam und allmählich stabilisiert, tritt nun eine Marktbereinigung in vielen Branchen ein – wenn nicht zuvor schon Corona gewütet und Unternehmen durch die von der Regierung angeordneten Maßnahmen plattgemacht hat. Aufträge müssen her, um die Mannschaft zu beschäftigen. Die Kosten müssen gedeckt und Gewinne eingefahren werden. Und immer dann, wenn das – meist nach einem Gespräch mit dem Steuerberater – erkannt wird, wird hektisch der Marketingheilsbringer gesucht. Optimal ist es natürlich, einfach die Visitenkarte von der Nervensäge rauszusuchen, die sowieso jedes halbe Jahr die Klinke putzt. Oder aber man ruft das Büro an, das halt am Ort ist und weil man zum Beispiel die Eltern der jungen Marketingleute gut kennt. Was sollen die denn sagen, wenn rauskommt, dass die neue Webseite jemand „von auswärts" gemacht hat? Und zack: Die Falle hat zugeschnappt. Das war's.

# DIE KRUX, DEN RICHTIGEN DIENSTLEISTER ZU FINDEN

Es gibt nun mal – insbesondere auf dem flachen Land – nicht viele echte Marketingprofis, die nach ein paar Fragen erkennen, wo der Hund begraben liegt. Diejenigen, die ihr Handwerk verstehen, hocken meist in super stylishen Industrielofts in der Stadt. Ohne Kundenparkplätze. Dort, wo sie alle hocken. Wie die Fliegen auf dem Haufen. Und warum hocken die dort alle? Weil es uncool ist auf dem Land zu hocken – beim Mittelstand direkt vor der Haustür.

Als 2001 meine Werbeagentur an den Start ging, war zunächst auch die Überlegung, das Büro im nahe gelegenen Würzburg zu eröffnen. Schick in der Stadt. Oder im neuen Industriepark direkt am Autobahnkreuz.

Ein Glück fielen wir damals die Entscheidung, weiter rauszugehen. Allein schon wegen der Gewerbesteuer war das sinnvoll. Uns war klar, dass wir regionaler Marktführer sein wollen, dabei eine Sprache sprechen, die jeder unserer Kunden versteht und dass wir eine Arbeit abliefern wollen, die nachhaltig ist und vor allem unseren Auftraggebern Umsatz bringt. Und dafür braucht es mehr, als dem Unternehmer eine neue Webseite zu verkaufen. Dafür braucht es ein Konzept – die Bodenplatte des neuen Hauses, das darauf mit allen Schikanen gebaut wird.

Vielleicht erkennst du Parallelen zu deiner bisherigen Vorgehensweise. Möglicherweise hast du deine Marketingdienstleister bisher auch so ausgesucht. Das ist nachvollziehbar. Wenn du es nicht besser weißt und trotzdem etwas brauchst, was du am liebsten gar nicht haben möchtest, dann passiert das eben Beschriebene - was so vielen Unternehmern jeden Tag passiert.

Aber ⌐wie vermeidest du es, an Dienstleister zu geraten, die überhaupt nicht in der Lage sind, deine Situation nachzuvollziehen? ⌐Wie vermeidest du es an „Experten" zu geraten, die überhaupt nicht in der Lage sind, deinen Kommunikationsbedarf zu erfassen, deinen Wettbewerb zu checken und dir nach stundenlangem Hirnen unter Heranziehung ihrer langjährigen Erfahrung im Markt ein maßgeschneidertes Konzept auszuarbeiten, das dann sukzessive in allen Disziplinen des Marketings umgesetzt wird – offline und online? ⌐
Die Antwort ist super einfach: Die Lösung liegt im Alter. Es ist tatsächlich vorrangig eine Altersfrage. Stelle dir selbst die Frage: Wie alt sind die Marketingexperten, die mir gegenübersitzen? Verfügt mein Gegen-

über über ein hohes Maß an Lebens- und somit auch an Berufserfahrung? Hat mein Gegenüber schon kniffeligste Aufgaben in den zurückliegenden Jahren gelöst, kann er oder sie anhand von realen Projekten nachweisen, dass diese dringend nötige Erfahrung vorliegt? Können der „Experte" oder die „Expertin" allein schon aufgrund ihres Alters Vollprofis sein, die mein Unternehmen durch kreative Maßnahmen innerhalb des bestehenden Wettbewerbs exponiert darstellen und somit vor allem wirtschaftlich nach vorne bringen?

Und ich lege noch eine Schippe drauf: Würdest du eine anstehende Herzoperation lieber vom Chefarzt oder vom Assistenzarzt durchführen lassen? Natürlich wählst du den Chefarzt. Das würde jeder tun. Und warum? Weil der Chefarzt der Chef ist. Er hat das Sagen. Und warum? Weil er in der Regel ein alter Hase ist, der sein Handwerk aus dem Effeff beherrscht und ihm deswegen eine ganze Abteilung übertragen wurde. Er ist dermaßen fit im Beruf, dass er sein Wissen weitergibt, junge Leute aus- und weiterbildet und die schwersten Fälle selbst in die Hand nimmt.

Für jeden von uns ist die eigene Gesundheit das Wichtigste, klar. Und für ein Unternehmen ist natürlich die Unternehmensgesundheit das Wichtigste. Ein krankes Unternehmen geht im schlimmsten Fall pleite. Und wenn ein Unternehmen verarztet werden muss, damit es möglichst schnell wieder über den Berg kommt, muss da nicht ein „Chefarzt" konsultiert werden? Ein alter Hase, ein Auskenner, ein Vollprofi? Sollen da Erstsemester dran, Freizeit-Homöopaten oder hoch engagierte Pflege-Azubis, die stets bemüht sind? So, wie du dich um deine eigene Gesundheit kümmerst, willst du dich doch auch um deine Firma kümmern. Und so aufwendig die Suche nach einem Fachmediziner ist, so aufwendig kann sie tatsächlich auch nach einem Marketingfachmann sein. Es wäre ein schöner Zufall, würde ein Kardiologe in demselben Dorf irgendwo in der Pampa leben, in dem der Herzinfarktpatient grade ein lebensbedrohliches Problem hat. Und noch schöner wäre es, würde der erfahrene Kardiologe dann auch noch mit seinem Stab an Fachleuten zufällig um die Ecke geschneit kommen, um den Patienten vor dem Abnippeln zu retten.

**Für dein Unternehmen ohne Marketingabteilung ist es nahezu unmöglich, im Tagesgeschäft einen wirklich geeigneten Marketingprofi zu finden, der deine regionale Marktführerschaft fest im Blick hat.**

# MARKETINGPROFIS AUFSPÜREN LEICHT GEMACHT

⌐Du musst die Ohren und Augen aufmachen:⌐ Hören und auch schauen, welches Unternehmen mit treffenden, witzigen und vielleicht auch gewagten Aussagen auffällt. Über das letzte SIXT-Motiv hast du doch sicher auch schmunzeln müssen, oder? Ist das nicht eine seit Jahren wirklich affengeile Kampagne, mit der der Autovermieter sich präsentiert? Die Motive sind meist derart witzig und pfiffig, dass man das Unternehmen einfach lieben muss – auch wenn man dort noch nie ein einziges Auto gemietet hat.

Also: Wer nett fragt, bekommt in der Regel nett Antwort. Und wenn du ein Unternehmen für Beschattungsanlagen hast, dann rufe deinen Hauptlieferanten an und frage, wer sich um dessen Marketing kümmert. Wenn du aus der Baubranche kommst, schaue dich bei den Fertighausherstellern um. Wer trifft deiner Ansicht nach in Aussage und Gestaltung am besten den Nagel auf den Kopf? Als Arzt schaust du, wer für den Sanitätshausverband das Marketing macht. Die kennen zumindest im Ansatz die Schlagworte, die im medizinisch-pflegerischen Bereich wichtig sind. Und die Sanitätshausverbände liefern sich ein Hauen und Stechen. Da wird richtig viel Geld verdient. Und ergo gönnt der eine dem anderen die Butter nicht auf dem Brot. Da muss man schon kreativ werden, um bei Lieschen Müller Gehör zu finden.

Du kannst dieses Vorgehen auf jede Branche übertragen. Starte deine Recherche, werde also zunächst einmal selbst kreativ – um überhaupt an gute Kreative mit Erfahrung und Sachverstand zu gelangen. Bitte nicht falsch verstehen: Du musst nicht in Hamburg oder Bremen nach einer geeigneten Werbeagentur suchen, wenn du in Diepholz deine Firma hast. Irgendwo auf halber Strecke finden sich Anbieter, die im Mittelstand zuhause sind, die Erfahrung mit kleinen und mittleren Unternehmen haben. Und du wirst sie finden. Und du wirst sie zu dir einladen. Und sie werden kommen. Und wenn deine Firma nicht besonders groß ist, du also den Kleinunternehmen zuzuordnen bist, dann kann ich dir sagen, dass es für eine gestandene Werbeagentur ein Riesenspaß sein wird, dich zu begleiten. Denn in der Regel haben sie es mit Unternehmen von mindestens mittlerer bis hin zur Konzerngröße zu tun. Vielleicht sogar bis 2000, 3000 Mitarbeiter. Da ist der Marketingleiter mit seinem Stab aus Assistentinnen ihr Gesprächspartner. Und den Marketingleiter mögen sie in der Regel nicht, weil er arrogant ist. Er ist ja der „Kunde" und bildet sich mordsmäßig was drauf ein, jetzt den Etat an jemanden vergeben zu dürfen, der sich besonders tief gebückt hat.

Solche Kerle habe ich zuhauf kennen gelernt. Widerlich. Und natürlich schlucken die Agenturen diese bittere Pille und arrangieren sich mit ihrem Gegenüber. Klar: ⌐Die Hand, die mich füttert, die beiß' ich nicht.⌐

**Ich zeige Dir in diesem Buch, wie du echte Marketingprofis finden kannst, die Lust auf den Mittelstand und vor allem auf KMU haben.**

nils-brennecke.de

# SO WERDEN SIEGER GEMACHT

Und jetzt kommst du auf den Plan: Du hast einen Großhandel, einen Metallbaubetrieb oder bist Filialist und in der Region Marktführer – oder willst es werden. Weißt du, wie die erfahrenen Marketer reagieren werden? Die finden es so richtig geil, einem kleineren Unternehmen jetzt mal nach allen Regeln der Kunst die Rakete anschnallen zu dürfen. Und sie wissen, dass du das Geld nicht im Keller auf Paletten sitzen hast. Du wirst einen anderen Preis bekommen, den sie sonst verrechnen. Warum? Weil sie Bock drauf haben, einen Underdog zum Branchenprimus zu befördern. Sie wollen aus dem versteckten Champion einen echten Sieger machen. Und sie werden Gas geben, glaube mir das.

„Mir macht es am meisten Spaß, nicht für die Nummer eins zu arbeiten. Optimal sind die Nummer zwei oder Nummer drei am Markt." Du kannst das mit der Sprintdisziplin vergleichen: Ist es für den Zweit- oder Drittplatzierten nicht ein großes Anliegen, den Primus vom Treppchen zu stoßen – zumindest vom obersten Platz auf dem Treppchen zu verbannen? In der Opposition lässt es sich doch herrlich sticheln. Da kommen Freude und vor allem Kreativität auf. Frei nach dem Motto: Make war not love! Und genau darum geht es: ums Auffallen. Weichgespülte Familien im Garten, die so glücklich sind, wie man kaum glücklich sein kann, als Illustration im Gartenmöbelkatalog zu verwenden, ist so abgedroschen wie das Korn auf dem Acker meines Urgroßvaters. Und wenn dann noch „Möbel zum Verlieben" darübersteht, dann ist eh alles zu spät. Wo ist da bitte schön die Portion „war"? Was ist das Besondere an diesen Möbeln? Warum soll die jemand kaufen? Es gibt unzählige Gartenmöbelmarken. Du pennst da doch schon beim Blättern im Katalog ein. Wäre es nicht vielleicht ein auffälligerer und somit nachhaltigerer Ansatz zu sagen: „Unsere Gartenmöbel bekommt nicht jeder. Unsere Gartenmöbel bekommen nur Menschen, die Stil haben." So oder so ähnlich zumindest. Jeder will Stil haben. Und das vor allem auch den Nachbarn zeigen. Jeder will irgendwo dazugehören, sich besonders fühlen, etwas Exklusives besitzen. Und wenn dann diese Gartenmöbel nicht als weichgespülte Massenware, sondern als etwas für einen erlauchten Kreis angeboten werden, dann ist das auf jeden Fall witziger und somit nachhaltiger als die gefühlt seit Jahrzehnten im Garten hockende Glücksfamilie – die es so sowieso nicht gibt.

# TRAU DICH WAS

Das war jetzt nur ein kleines und spontanes Beispiel, um dir zu verdeutlichen, dass es ums Auffallen geht. Apropos Auffallen: ⌐Du hast doch bestimmt jetzt auch diesen Seitenbacher-Typ im Ohr. Lecker Müsli. Von Seitenbacher. Er hört einfach nicht auf. Er sagt uns und vor allem „Karle" in den Radiospots Jahr um Jahr, wie lecker und gesund sein Müsli sei. Und weißt du was: das spricht der Geschäftsführer Willi Pfannenschwarz selbst – in seinem eigenen Tonstudio. Sensationell. Diese Werbung polarisiert und sie wird parodiert. Seit Jahren. Kann es etwas Besseres geben? Jeder kennt das Müsli aus dem Odenwald. Von Flensburg bis an den Bodensee. Mir hat Herr Pfannenschwarz einmal gesagt, er mache ausschließlich Radiowerbung. Ich könne für ihn alles machen, mir alles ausdenken – er würde es nie verwenden. Seitenbacher, Karle, lecker, Radio, fertig.⌡

Na ja, inzwischen sagt er es uns auch im Fernsehen hin und wieder, wie lecker seine Müslisorten sind. Der Erfolg gibt ihm recht. Chapeau! Weichgespült und Mainstream ist an dieser Art der Werbung überhaupt nichts. Jeder kann ein Willi Pfannenschwarz sein und Werbung machen, die auffällt. Aber dazu später mehr.

Es geht schließlich darum, einen geeigneten Marketingprofi an die Seite zu holen. Wie man durch Herumhören und Herumfragen, durch Recherche und echtes Bemühen an eine leistungsfähige Werbeagentur kommt, die ihre Arbeit versteht und die im Idealfall auch ein ständiger Begleiter ist, habe ich dir zuvor aufgezeigt.

# VERTRAUEN IST DIE MUTTER JEDER ZUSAMMENARBEIT

Wenn du dir sicher bist, dass es die Jungs und Mädels, für die du dich entschieden hast, draufhaben, dass sie in deiner Branche auf sicherem Boden stehen und mit deinem „Wording", wie sie es nennen werden, vertraut sind, dann erzähle ihnen, wo du gerne hinmöchtest. Natürlich an die Spitze. Erzähle offen und ehrlich von deiner aktuellen Lage: Welcher Wettbewerber macht es aus deiner Sicht richtig gut, welcher ärgert dich besonders. ⌐Egal, ob du regionaler Bäcker bist, Solariumbetreiber oder Gastronom: du hast ein Ziel.⌐ Die Agentur, die es ernst meint, die echtes Interesse an einer Kundenbeziehung zu dir hat, die besucht dich, will deinen Betrieb sehen und deine Fahrzeuge, wenn du einen Fuhrpark hast. Sie wollen deine Produktion oder Lagerfläche anschauen. Sie müssen ja wissen, mit wem sie es zu tun haben. Sie müssen kapieren, was ihr macht und wie ihr es macht. Und wenn sie nicht gleich danach fragen, dann hast du schon einen Rundgang durch die Firma vorbereitet. Sie müssen deinen Betrieb kennenlernen. Sie müssen deinen Spirit verinnerlichen, deine Leute sehen, wie sie gekleidet sind, wie sie sprechen. Das ist wirklich wichtig. Sie sollen sich ja so gut wie möglich in dich hineinversetzen können, um deine Leistung in deinem Sinne verkaufen zu können. Werbung ist doch nichts anderes als ein Vertriebsweg. Okay, wenn du einen Onlinehandel für Streetwear hast, dann ist dein Lager weniger interessant. Im besten Falle hast du gar kein eigenes und somit auch kein gebundenes Kapital irgendwo auf teurer Mietfläche herumliegen. Aber wir reden ja davon, regionaler Marktführer werden zu wollen – die Nummer eins der Branche in der weitläufigen Region. Ob Physiotherapeut, Muckibude oder Garten- und Landschaftsbaubetrieb: Jeder hat dasselbe Ziel. Und jeden plagen dieselben Fragen nach dem geeigneten Marketingdienstleister.

**Habe den Mut, im Marketing mal etwas – aus deiner Sicht – völlig Verrücktes zuzulassen. Es wird sich auszahlen!**

nils-brennecke.de

# DER MITTELSTAND IM GESPRÄCH

## FRANK SCHINDELMANN, GESCHÄFTSFÜHRER VON HANDSCHUH BEDACHUNGEN

Als Mittelstandsberater und insbesondere als Marketingfachmann für KMU bin ich seit Jahrzehnten für KMU tätig. Vom Friseur über den Bäcker bis hin zu jedem Gewerk auf dem Bau – ich habe und hatte sie alle. Ich habe den typischen Drei-Mann-Betrieb begleitet sowie den Filialisten mit weit über 200 Mitarbeitern. Natürlich begleite ich auch immer wieder Industrieunternehmen mit weit mehr Mitarbeitern. Doch der Kern meiner Tätigkeit liegt bei KMU. Das Schöne: Hier geht etwas voran. Hier entscheidet der Chef selbst. Und zwar sofort. Machen – ja oder nein. Zack, bumm, fertig. Hier gibt es keine Marketingetats, keine Assistentinnen ohne jegliche Befugnis und auch keine ermüdenden Zoom-Meetings. Im Mittelstand ist Leben. Da geht's voll ab. Und vor allem: Da wird gute Arbeit noch wertgeschätzt. Es kann halt auch nicht jeder Marketingmensch auf Augenhöhe mit einem Maurermeister sprechen, der den elterlichen Betrieb zu einem Multi-Millionen-Unternehmen entwickelt hat – und dabei völlig auf dem Boden geblieben ist. Aus Erfahrung weiß ich, dass es für viele Kollegen meiner Zunft unschick ist, für „solche" Firmen zu arbeiten. Und das war und ist schon immer eines meiner Erfolgsgeheimnisse. Wenn ich beim Handwerker im flachen Land, also dort, wo sich Hase und Igel gute Nacht sagen, auf der Matte stehe, dann kann ich ziemlich sicher sein, dass sich dort vor mir lange vorher kein Kollege hat blicken lassen. Und wenn ich dort dann in Jeans und Poloshirt aufkreuze, auf diese lächerliche Werbekunstsprache verzichte und einfach ein bisschen aus dem Nähkästchen plaudere, dann ist das Eis schnell gebrochen. Erfolgreiche Handwerker verstehen sich längst als Manager. Sie besuchen Schulungen bei der Industrie, interessieren sich für Online und haben durchaus schon was von Corporate Identity gehört. Nur: Es ist nervig, zeitraubend und – wie schon

**Frank Schindelmann, Jahrgang 1972, Ausbildung zum Dachdecker, mehrjährige Tätigkeit als Dachdeckergeselle, Studium zum staatlich geprüften Hochbautechniker, Ablegung der Ausbildereignungsprüfung, 1997 Eintritt bei Handschuh Bedachungen als Bauleiter, seit 2020 geschäftsführender Gesellschafter bei Handschuh Bedachungen.**

zuvor geschildert – eine echte Mammutaufgabe, einen perfekten und vertrauenswürdigen Marketingvollprofi zu finden, der weiß, wie es am Bau läuft. Der durchschnittliche Handwerker – wenn wir mal auf dem Bau bleiben – hat erfahrungsgemäß zwischen zehn und 30 Mitarbeiter. Ein Fliesenleger oder Dachdecker mit um die hundert Beschäftigten hat regional Seltenheitswert.

Eine solche Firma mit regionalem Seltenheitswert im unterfränkischen Schweinfurt ist die Firma Handschuh Bedachungen. 1911 gegründet, beschäftigt die Handschuh GmbH aktuell um die 120 Mitarbeiter an zwei Standorten. Das Familienunternehmen zählt zu den ersten Unternehmen seiner Branche in Bayern. Neben dem klassischen Dachdeckerhandwerk betreibt die Handschuh GmbH eine Zimmerei und eine Spenglerei inklusive Fassadenbau.

Mit Geschäftsführer Frank Schindelmann habe ich über Marketing im Mittelstand und über die Herausforderung, geeignete Mitarbeiter zu finden, gesprochen:

**Nils Brennecke: Wie reagieren Sie auf die Rezession auf dem Bau? Welche Maßnahmen haben Sie seit Inflation und Zinsanstieg im Marketing geändert oder zusätzlich veranlasst?**

Frank Schindelmann: ⌐Eine grundsätzliche Änderung unserer Marketingmaßnahmen mussten wir nicht vornehmen, da unser Marketing von vornherein nicht auf Kundengewinnung, sondern auf Mitarbeitergewinnung ausgelegt ist.⌐ Der Großteil unserer Aufträge liegt im gewerblichen und öffentlichen Sektor. Hier sind die Budgets bereits eingeplant und die große Flaute traf uns – zum Glück – noch nicht. Lediglich in der Zimmereiabteilung merken wir die gesunkenen Kundenanfragen. Diese Mitarbeiter können wir aber auch in anderen Bereichen einsetzen.

**Welche Marketingkanäle bespielen Sie aktiv und in welcher Intensität?**

⌐Wir versuchen so viele Kanäle wie möglich zu bespielen, um so eine möglichst breite Masse zu erreichen.⌐ Unser Hauptaugenmerk liegt aber auf Instagram.

**Können Sie Ihre agile Kommunikation in Social Media messen und bestimmte Aufträge auf einzelne Postings oder Ihr grundsätzliches Online-Marketing zurückführen?**

Als Handwerksunternehmen Marketing messbar zu gestalten, versuchen wir schon seit Jahren. Die Messbarkeit ist jedoch ziemlich verzerrt, da wir kein Produkt verkaufen, welches die Kunden einfach bestellen können. ⌐Wir können lediglich versuchen, unsere Bekanntheit zu steigern und potenzielle Kunden mit aussagekräftigen Fotos und Videos unserer Leistung zu überzeugen.⌐ Für die Zukunft und unsere neue Zimmereiabteilung, in der wir hauptsächlich Privatkunden bedienen, versuchen wir aber, Aufträge durch Marketing zu generieren.

**Ihr Unternehmen wurde 1911 gegründet. Sie sind regionaler Marktführer in Ihrem Gewerk und beschäftigen 120 Mitarbeiter. Zahlreiche Marketingdienstleister sind bei Ihnen schon ein- und ausgegangen. Wie wichtig ist es aus Ihrer Sicht für ein Unternehmen – auch mit einer über 110-jährigen Tradition und dementsprechendem Bekanntheitsgrad in der Region – sämtlicher Marketingaktivität ein grundsätzliches Marketing- und Kommunikationskonzept zugrunde zu legen?**

Natürlich ist es wichtig – vor allem in der heutigen Zeit – die gängigen Marketingkanäle zu nutzen und zu bespielen. Im Bauberereich sagt man so schön: „Wer schreibt, der bleibt". Das Gleiche gilt fürs Marketing. Natürlich schaffen es kleine Handwerksbetriebe nur durch Mundpropaganda am Markt zu bestehen. Um einen Betrieb aber über Generationen hinweg gut aufzustellen, braucht man auch im Marketing Fachpersonal, durch das man Mitarbeiter- und Kundengewinnung betreibt.

**Nach welchen Kriterien wählen Sie die für Sie tätigen Marketingdienstleister aus?**

Natürlich nach Erfahrung. Aber auch das Bauchgefühl muss mitspielen. Es müssen beide Seiten eine partnerschaftliche Geschäftsbeziehung aufbauen können, bei der man sich gegenseitig aufeinander verlassen kann. Leider zeigt sich aber im Marketing auch eine Schnelllebigkeit, welche einen häufigeren Wechsel der Dienstleister mit sich bringt. In anderen Bereichen pflegen wir Geschäftsbeziehungen über Generationen, dies hat sich im Marketing allerdings noch nicht gezeigt.

**Warum ist es so wichtig, sich als mittelständisches Unternehmen nach außen professionell, in einem einheitlichen Erscheinungsbild und in der Werbung auch mal mutig zu zeigen?**

Professionalität ist natürlich das A und O. Ohne einen soliden Marketingauftritt im Internet, mit professioneller und zeitgemäßer Homepage und somit einem Gesicht zum Unternehmen, vertrauen die Leute einem nicht. Jedoch: 08/15 kann jeder. Gerade unser Bauzaunbanner mit dem Ausbildungsslogan „Kannst du gut nageln? Wir bilden aus!" war, nachdem er bei einem Bauprojekt sechs Monate an einer weiterführenden Schule hing, das Pausenhofgespräch. Natürlich ist dieser Spruch mit einer gewissen Zweideutigkeit behaftet, sorgt aber auch dafür, dass Handschuh im Gespräch bleibt.

Die Professionalität leidet unserer Meinung nach nicht darunter, wenn man mit dem ein oder anderen Spruch etwas „aggressiveres" Marketing betreibt. Der allgemeine Marketingauftritt sollte aber immer seriös sein. Die Kunden vertrauen einem ja schließlich viel Geld an und müssen darauf vertrauen, dass unser Handwerk sie über Jahrzehnte schützt.

**Warum legen bis heute viele Handwerksbetriebe noch immer keinen Wert auf eine durchdachte Marketingstrategie und ebenso wenig auf eine perfekte Außendarstellung?**

Da spielt die Größe des Unternehmens natürlich eine enorme Rolle. Im Jahr 2022 waren 15.256 Dachdeckerbetriebe bei der zugehörigen Sozialkasse gemeldet. Insgesamt gibt es 104.065 tätige Personen, macht knapp sieben Beschäftigte pro Betrieb. Hiervon sind 5,5 gewerbliche Arbeitnehmer. Knapp zwei Drittel aller Unternehmen haben also zirka fünf gewerbliche und nur 3,7 Prozent aller Unternehmen haben mehr als 20 Mitarbeiter.

Dies zeigt, dass die Branche im Tagesgeschäft gefangen ist und viele Betriebsinhaber gar nicht die Möglichkeit haben, sich mit dem Thema Marketing auseinanderzusetzen, da sie vielleicht selbst noch auf der Baustelle tätig sind. Man kann zwar externe Dienstleister hinzuziehen. Viele unserer Mitbewerber haben aber gar keinen Bezug dazu und können auch die Kosten somit nicht nachvollziehen. Getreu dem Motto: Wieso soll ich jedes Jahr tausende von Euro von meinem hart verdienten Geld ausgeben, wenn die Auftragsbücher doch voll sind? Oftmals sind es dann junge Mitarbeiter, die die Social-Media-Accounts des Unternehmens führen. Es wird in verschiedenen Ortsvereinen Sponsoring betrieben und ab und zu vielleicht noch etwas in der überregionalen Zeitung annonciert.

**Wie hat sich das Mitarbeiter-Recruiting in den vergangenen zehn Jahren für Sie verändert?**

Durchaus positiv. Nachdem wir zwischen 2008 und 2011 unseren Höchststand an Mitarbeitern mit 125 hatten, ging es ab 2014 wieder zurück – und zwar stark. Unser niedrigster Mitarbeiterstand lag dann 2018 bei 80 Mitarbeitern. Es wurde für einen externen Social-Media- und Marketingbeauftragten viel Geld in die Hand genommen. Unter anderem ist dadurch unser sehr beliebter Imagefilm entstanden. Aber auch andere Spaßvideos, wie das über die Grillpoolchallenge, sorgten für positives Feedback. Die Mund-zu-Mund-Propaganda darf man aber im Handwerk nach wie vor nicht unterschätzen. Viele neue Mitarbeiter sind durch langjährige Mitarbeiter zu uns gekommen. Hier haben wir ein Mitarbeiter-werben-Mitarbeiter-Prämiensystem eingeführt.

**Was bieten Sie Ihren Mitarbeitern an Benefits?**

Als tarifliche Benefits sind zusätzliches Urlaubsgeld, Überstundenzulage und Weihnachtsgeld gegeben. Es ist aber immer wieder erstaunlich, wie wenige Mitbewerber diese Benefits einhalten. Manche treiben das Ganze dann noch auf die Spitze und zahlen nicht mal den tariflich vorgesehenen Lohn. Das ist natürlich ein No-Go. Bei uns werden alle tariflichen Benefits bezahlt. Dass wir hiermit werben, ist aber schon fast ein kleines Armutszeugnis. Ebenso mit den Arbeitszeiten, die bei uns bis auf einzelne Ausnahmen eingehalten werden.

Darüber hinaus haben wir ein Prämiensystem, dass qualitative, saubere und gut organisierte Baustellenführung belohnt. Wir bieten E-Bike-Leasing an und geben für ein E-Bike pro Mitarbeiter noch einen Zuschuss von 40 Euro im Monat. Es gibt für besonders langjährige Mitarbeiter gestaffelt eine betriebliche Krankenzusatzversicherung und jede Überstunde wird zusätzlich zur tariflichen Regelung nochmal mit 25 Prozent belohnt.

**Welchen Rat können Sie anderen KMUs geben, die entweder Online noch nicht für sich entdeckt oder sich bisher noch nicht für eine professionelle, externe Beratung in Sachen Marketing entschieden haben?**

Ob wir wirklich der richtige Betrieb sind, an dem man sich orientieren sollte, ist fraglich. Es gibt in unserer Größenordnung gerade mal eine Handvoll Betriebe in Deutschland. Natürlich schöpfen aber auch wir nicht unser volles Potenzial im Marketing aus. Auch wir schauen auf die großen Player im Baustoffbereich und versuchen uns hier und da etwas abzugucken. Dieser Tipp hat auch bei uns dafür gesorgt, dass das Marketing ins Rollen kam. ⌐Mit dem Marketing ist es aber wie in allen Geschäftsbereichen: Wenn man mit etwas halbherzig anfängt, sorgt es nur für mehr Ärger.⌐ Wenn man als KMU mit Marketing anfängt, sollte man also vorab einen Leitfaden ausarbeiten und sich überlegen: Was möchte ich überhaupt damit bezwecken?⌐

# KAPITEL 2

# WAS KOSTET MARKE-TING?

Seit Jahrzehnten führe ich Gespräche mit Unternehmern, die ihr Marketing, ihre Außendarstellung, ihren Gesamtauftritt optimieren möchten. Meistens erhalte ich dann auch den Zuschlag, für sie maßgeschneiderte Marketingkonzeptionen auszuarbeiten und anschließend auch in allen notwendigen Disziplinen in die Umsetzung zu gehen – Medienproduktion inklusive. Und in wirklich jedem dieser Gespräche kommt am Anfang die Frage: Was kostet denn eigentlich Ihre Arbeit? Ich schaue meinem Gegenüber dann tief in die Augen, zwinkere ihm zu und stelle die Gegenfrage: Was kostet ein Auto? Es folgt immer Gelächter. Die „Was kostet?"-Frage ist zwar nervig, aber nachvollziehbar. Jeder weiß, was ein Stück Butter kostet, kann einen Haarschnitt taxieren oder kennt den aktuellen Spritpreis. Aber Preise für Kreativarbeit habe ich noch nicht plakatiert gesehen – zumal es hier ja um eine völlig individuelle und zunächst gar nicht erfassbare Leistung geht. Und sind wir doch mal ehrlich: Der international agierende Konzern zahlt mehr für die Mannstunde als der Bäcker mit zehn Filialen im Hohenlohischen. Nicht fair, ist aber so.

Der wirkliche Marketingprofi saugt alle Infos auf, die er nur haben kann. Er macht sich Notizen, auch zu deinem Umsatz. Es gilt in diesem Erstgespräch alles auf den Tisch zu packen, was aus deiner Sicht vor allem ungenügend ist: zickendes Personal, zahlungsunfreudige Kunden, fehlende Ideen, Schwächen im Produkt, natürlich Stärken im Produkt und in der Dienstleistung und so weiter.

Immer wieder kommen Kunden auf mich zu, die ganz genau zu wissen meinen, was sie driiingend brauchen. Diese Broschüre und jenen Flyer – brauche ich nur mal eben schnell für sie zu machen. Aber das ist der falsche Weg. Du sagst doch dem Herzchirurgen, wenn du auf dem OP-Tisch liegst, auch nicht, wo genau er welchen Stent zu setzen hat. Lass bitte die Profis ran.

Was echte Profis nämlich vorhaben, ist dir zunächst ein Konzept anzubieten. Die bereits angesprochene Bodenplatte als sicheres Fundament für alles, was darauf errichtet werden muss. Wenn sie es seriös machen, dann führen sie in dem Angebot für das Konzept auf, was darin enthalten ist. Nochmal: Wir sprechen hier über Kreativarbeit.

# ES IST EGAL, WAS ES KOSTET

Ein Beispiel: Was kommt dir in den Sinn, wenn du das Wort Telekom liest? Na klar, du hörst es förmlich, das von Christopher McHale komponierte da-da-da-di-da. Ursprünglich sollte der New Yorker Sounddesigner einen Warteschleifensong für die Telekom produzieren. Möglichst international und nicht deutsch klingend. Er setzte sich mit Musikern und anderen Experten für Jingle- und Soundfile-Produktion zusammen und sie probierten aus. Sie hirnten und diskutierten, sie klimperten und sie verwarfen. Am Ende hatten sie den Song „Hello Hola" im Kasten. Und nach jedem gesungenen „hello hola" kommt das da-da-da-di-da. An das Warteschleifengedudel erinnert sich längst niemand mehr. Allein das da-da-da-di-da ist geblieben. Du hörst oder liest das Wort Telekom und hast sofort die Farbe Pink im Kopf – die Fachleute sagen Magenta. Du hörst förmlich, was du da liest: da-da-da-di-da. Und jetzt frage ich dich: Was darf das wohl gekostet haben? Und ich gebe dir auch direkt meine Antwort hinterher: das ist doch völlig egal.

Christopher McHale hat etwas geschaffen, was Generationen rund um den Globus mit dem Unternehmen verbinden wird. Unverwechselbar. Ich kenne den Preis für den Song nicht. Lass es einige zehntausend Dollar gewesen sein. Aber der Wert dieses Überbleibsels aus dem ursprünglich beauftragten Warteschleifengedudel ist im Wert kaum zu beziffern. Der Pessimist kann natürlich jetzt argumentieren: Was, wenn das schiefgegangen wäre, wenn nicht das da-da-da-di-da rausgekommen wäre? Dann wäre halt ein anderer geiler Song mit anderen einprägsamen Tonabfolgen entstanden. Chris McHale und sein Team sind Profis.

Es gibt unterschiedliche Vorgehensweisen, wie im Mittelstand Agenturleistung abgerechnet wird: Da sind die Dienstleister, die mit dem Auftraggeber eine Monatspauschale über einen bestimmten Zeitraum vereinbaren. Meist ist darin festgehalten, wie viele Stunden die Agentur beispielsweise pro Monat dafür tätig wird. Und da sind die Dienstleister, die projektbezogen fakturieren. Zu dieser Fraktion gehöre ich. Aus meiner Sicht ist es nämlich insbesondere für den Auftraggeber viel transparenter, wieviel Geld welche Leistung kostet, wenn diese im Vorfeld konkret angeboten und dann auch schriftlich beauftragt wird. Ist mal mehr los, dann muss nachberechnet werden, was meist für beide Seiten zu lästigen Nachfragen führt. Ist mal weniger los, ärgert es den Auftraggeber, Geld für Nichtleistung zahlen zu müssen. Solche Löcher dann mit irgendwelchen Spitzen wieder auszugleichen – ist mir alles zu kompliziert. ⌐Auch wenn es noch so schön für eine Agentur ist, ein permanentes Grundrauschen auf der Habenseite zu verzeichnen – ehrlicher, sauberer und problemloser ist im Marketing die projektbezogene Berechnung von Leistungen.⌐

Üblich ist es hier allerdings immer, dass bei den meisten Projekten ein gewisser Betrag sofort fällig ist. Gängig sind 50/50-Abrechnungen: Die erste Hälfte mit Auftragserteilung und die zweite Hälfte mit Fertigstellung, Lieferung oder beispielsweise Kundenfreigabe.

Erlebt habe ich es in den vielen Jahrzehnten im Beruf allerdings leider auch hin und wieder, dass ein Projekt oder ein Projektabschnitt vom Auftraggeber einfach nicht freigegeben wurde. Der war beispielsweise unterdessen in Schieflage geraten und weil die zweite Hälfte erst bei Abnahme der Leistung fällig wurde, hat er kein grünes Licht gegeben. Daher bitte nicht wundern, wenn in Verträgen beispielsweise steht: Die ersten 50 Prozent sind mit Auftragserteilung zu bezahlen, die zweite Hälfte mit Lieferung oder Freigabe, spätestens jedoch nach x Tagen. Erfahrene Werber können einschätzen, wann das jeweilige Projekt abgeschlossen ist. Und zu diesem Datum ist der Betrag dann auch fällig – auch wenn der Kunde sein Go verweigert.

In diesem Zusammenhang ist es auch wichtig zu erwähnen, dass du als Auftraggeber bei verschiedenen Projekten immer eine Mitwirkungspflicht hast. Beispiel: Es wurde vereinbart, dass du das Logo und irgendwelche Grafiken oder Archivfotos für die Firmenchronik, die neue Webseite oder das Kundenmagazin beisteuerst. Das Gelingen des Werkes ist also von deinem Zutun abhängig. Kommst du dieser Mitwirkungspflicht nicht nach, liegt der Schwarze Peter keinesfalls beim Dienstleister. Kommt es, was niemand hofft, zum Streit, dann hast du schon verloren, bevor der Richter die Glocke zum Ringkampf überhaupt geläutet hat.

**Es lohnt sich, bei den Großen der Branche zu fragen, wer sie als externe Marketing-berater begleitet.**

# KEIN SCHRITT OHNE SCHLÜSSIGES MARKETINGKONZEPT

Wie schon mehrfach formuliert ist ein in alle Richtungen ausgerichtetes, von erfahrenen Marketingleuten ausgearbeitetes Marketingkonzept der entscheidende Schritt, um überhaupt mit irgendwelchen Maßnahmen beginnen zu können.

Lass mich noch einmal auf den allwissenden Unternehmer aus der Sanitär-Heizung-Klima-Branche (SHK) zurückkommen, der genau weiß, dass er jetzt driiingend erst einmal eine neue Imagebroschüre braucht. Das sind mir die liebsten Momente. Denn während er noch spricht, weiß ich schon, dass ich ihn gleich mächtig zum Nachdenken bringen werde. Der Mensch vom Grafikbüro, das meistens auch noch genauso heißt, würde sich riesig freuen, wenn ihm gesagt würde, er solle eine neue Imagebroschüre gestalten. Das ist seine Disziplin. Die hat er gelernt, darin kennt er sich aus. Er würde die neue Broschüre gestalten und sie natürlich eifrig relaunchen. Er würde niemals entgegnen: Warum? Denn das würde ihm ja gegebenenfalls das Wasser abgraben. Er braucht Futter für sein Grafikbüro.

Der erfahrene Marketingprofi würde hingegen selbstverständlich fragen: Warum? Und wenn dann die Antwort kommt – wie sie auf diese Gegenfrage immer kommt –, dass die Broschüren alle sind, dann kann der Profi zeigen, was er draufhat. Der Profi fragt nämlich, was der Unternehmer mit der Broschüre vorhat, wie er sie einsetzen möchte. Antwort: Der möchte sie Interessenten überreichen, Angeboten beilegen, im Showroom auslegen und auf regionalen Messen oder Leistungsschauen verteilen. Und auf die weitere Frage, was denn in der Broschüre alles nachzuschlagen sei, erfährt der Marketingprofi vom Unternehmer, dass darin die Geschäftsbereiche und die Leistungsstärke aufgeführt sind. Aha. Also genau das, was der Interessent zuvor zigmal auf der Webseite gesehen und nachgelesen hat, als es um den Vergleich der in Frage kommenden Anbieter ging. Also bestellt der Handwerker, der vor 30 Jahren in irgendeiner Innungsversammlung vom Obermeister mal gehört hat, dass man unbedingt eine Imagebroschüre braucht, fleißig beim örtlichen Grafikbüro eine Offlineversion seiner Website.

Dem Menschen vom Grafikbüro ist überhaupt gar kein Vorwurf zu machen, wenn er dem Wunsch des Unternehmers nachkommt. Er liefert wie bestellt. Und zwar schick und hübsch anzusehen. Wenn er es richtig draufhat, dann legt er dabei sogar Wert auf ein besonderes Papier

61

und auf eine nette Veredelung auf der Titelseite, etwa einen ertastbaren und hochglänzenden Relieflack auf dem Firmenlogo oder zum Beispiel einen Teil der Typografie, also der Schrift, die komplett in Gold per Heißprägefolie aufgebracht wurde. Das alles für ein visuelles und haptisches Erlebnis, den berühmten Wow-Effekt, wenn man die Broschüre das erste Mal in die Hand nimmt.

Wie sinnvoll ist das aber nun? Natürlich überhaupt nicht. Der Fachmann mit Weitblick rät von der Imagebroschüre für den Handwerker ab – vom gedruckten Abklatsch der Webseite, die eh schon jeder kennt. Der Marketingprofi empfiehlt hingegen, zur völligen Verblüffung des Unternehmers, statt der Webseite in Papierform ein Kundenmagazin. „Ein Magazin? Das machen doch die großen Firmen für ihre Kunden." Richtig, weil es ein ausgezeichnetes Medium ist, Kunden zu binden und vor allem Kunden zu Fans zu machen.

In der klassischen Imagebroschüre, mit der die Werbebranche bis vor ein paar Jahren, als noch auf Teufel komm raus gedruckt wurde, richtig viel Geld umgesetzt hat, steht klassischerweise nichts anderes drin als das, was man grundsätzlich als Unternehmen kann und tut. Geschäftsbereich A bis D werden vorgestellt, ein bisschen Unternehmenshistorie inklusive Foto des Gründers in schwarz-weiß dazu und am Ende noch ein Sammelsurium an Logos von Firmen, für die man jemals tätig war. Oftmals werden auch noch zu allem Übel die lieben Lieferanten aufgeführt. Diese Broschüren wurden, wie der Name schon sagt, aus Imagegründen weitestgehend, ohne auf den Cent zu schauen, produziert. Es gibt noch immer Wettbewerbe und Awards, die für die schönste Broschüre verliehen werden.

Aber diese Broschüre, die nichts anderes als ein grundsätzlicher Überblick ist, wird einmal an einen Interessenten herausgegeben und das wars dann. Und was kommt danach? Achselzucken beim Unternehmer.

Was schlägst Du jetzt vor?
Wie möchtest Du das Problem,
lösen, das Du jetzt hast?
Also, was machen wir jetzt?

63

# DAS KUNDEN-MAGAZIN – OPTIMALES TOOL FÜR DEN MITTELSTAND

Dass Kundenmagazine optimale Medien sind, um seine Zielgruppe bei der Stange zu halten, haben längst Handwerkerverbände verstanden, die ihren Mitgliedsbetrieben individualisierte Ausgaben anbieten, in die sie ein, zwei Seiten mit ihren eigenen Themen füllen können, Adresse inklusive.

Wer hat schon ein eigenes Magazin für seine Company? Abgesehen von den Automarken, den Versicherungen, den Stadtwerken und Apotheken wird die Luft dünn. Viele B2B-Unternehmen versenden Magazine, in denen sie immer wieder mit ihrer Leistungsstärke auf die Schreibtische verantwortlicher Einkäufer oder gar den des

Geschäftsführers kommen. Und genau darum geht es: Immer wieder einen Grund zu finden, um „Hallo" zu sagen und Storytelling zu betreiben. Unzählige solche Magazine habe ich bisher entwickelt und mit Leben gefüllt. Die meisten Firmen arbeiten nach vielen Jahren noch mit ihrem Magazin als zentrales Kommunikationsmedium.

Die Hochglanzmagazine der großen Companies sind teilweise echte Coffeetable-Magazine. Auf den ersten Blick sind sie kaum von Edelmagazinen am Kiosk zu unterscheiden. Mit den Schwarten der großen Immobilien-Franchiser kann man beinahe die unliebsame Schwiegermutter erschlagen, so dick und schwer sind die. Hier stelle ich die Sinnhaftigkeit allerdings infrage. Zu viele Seiten werden nicht ernsthaft gelesen. Das schreckt ab. Wenn so ein fürs Unternehmen individuell hergestelltes Magazin gut gemacht ist, dann beinhaltet es nicht nur produktspezifische Themen. Vielmehr ist das Magazin ein Themenfeuerwerk aus den Bereichen, die für die Zielgruppe attraktiv sind. Die Edel-Automarke berichtet über Kunst- und Kulturthemen, zeigt die neuesten Luxusuhren und kommt mit exklusiven Reisezielen daher.

Und warum soll das nicht auch für den regionalen Unternehmer funktionieren? Hat der Bad- und Wellness-Experte, der Hotelier in der Ferienregion oder der Modefilialist nichts zu erzählen oder keine Beispiele seiner Arbeit oder Produktneuheiten zu zeigen? Gibt es keine Themen über Kooperationen, Tipps für zuhause oder Gewinnspiele? Na klar! Und zwar mehr als man jemals verarbeiten kann.

Meinen Kunden, die zunächst eine gewisse Skepsis äußern, wenn es um mögliche Themen geht, sage ich, dass ich so viele Themen finden kann, um damit jedes Jahr ein Buch zu füllen. Und das meine ich ernst.

Wer findet diese Themen? Nicht der Unternehmer. Es ist nicht seine Baustelle. Dafür ist der Marketingfachmann da. Er oder sie hat sich um ein schlüssiges Konzept für ein schickes und inhaltlich starkes Magazin zu kümmern, das wirkt. Ja, wirken muss es. Es muss Eindruck machen, interessant sein, Mehrwerte bieten und am Ende die Leser zu Fans machen. Die bleiben der Marke, den Produkten oder der Firma treu.

Wieso erzähle ich dir an dieser Stelle in epischer Breite die Geschichte von der Imagebroschüre? Weil ich dir anhand dieses Beispiels zeigen möchte, dass es auch anders geht. Ich will dich zum Umdenken, zum Neudenken anregen. Weg mit alten Zöpfen, schnipp-schnapp.

Aber ob nun Broschüre oder Kundenmagazin – es ist immer nur ein kleiner Baustein aus dem großen Ganzen, aus der Strategie, die im Marketingkonzept niedergeschrieben ist. Konzeptlose Einzelmaßnahmen sind am Ende eine unüberschaubare Kleinkrämerei, die du dir ins Unternehmen holst. Der Klassiker im Mittelstand sieht nämlich so aus: Den Internetauftritt macht die „Internetwerbeagentur", die Drucksachen macht das „Grafikbüro", um das Fuhrparkdesign und die Beklebung kümmert sich der örtliche Werbetechnikbetrieb oder der Autolackierer, der einen Schneidplotter rumstehen hat. Die Roll-Ups für die Messe designt die Tochter, die sie dann bei der Onlinedruckerei bestellt, und die Anzeigen gestaltet der regionale Käseblattverlag. Tausend Beteiligte, keiner weiß vom anderen, jeder arbeitet mit unterschiedlichen Daten in unterschiedlicher Qualität. Chaos aus dem Bilderbuch. Jeder dieser Dienstleister macht seine Arbeit sicher handwerklich ganz prima. Aber wenn es keine übergeordnete Strategie gibt, die die Marschrichtung für deine Außendarstellung und deine Kommunikationsmaßnahmen vorgibt, dann rennst du permanent deinen Werbeleuten hinterher und suchst irgendwelche Logodateien. Heute schreit der Werbeartikelverkäufer, dass er ohne dein Logo die Kugelschreiber nicht bedrucken kann, morgen verlangt der Werbetechniker die definierten Firmenfarben, damit er die passenden Folien bestellen kann – ich bin mir sicher, dass du solche Szenarien kennst.

# HALLO MITTELSTAND!

Auf meiner Webseite erfährst du alles zur exklusiven Mittelstandsberatung für kleine und mittlere Unternehmen. Ich zeige dir, wie du mit meinem individuell für dein Unternehmen entwickelten Marketingkonzept mit 360-Grad-Rundumblick endlich im Markt sichtbar wirst.

35 Jahre Erfahrung im Marketing und selbst Gründer eines KMU mit über 20 Mitarbeitern weiß ich, worauf es ankommt, was wirkt und was nicht. Klare Sprache, kein Blabla, bodenständig und auf Augenhöhe.

> Sichere dir als Buchkunde jetzt **eines von nur 100 möglichen VIP-Marketingkonzepten** pro Jahr.

Ab sofort hast du mit mir nur noch einen Ansprechpartner für deine komplette Außendarstellung, Kommunikation, dein Marketing und deine Vertriebsunterstützung. Es bleiben keine Fragen offen.

Aus dem „notwendigen Übel" Marketing entwickle ich deinen Vertriebsmotor für mehr Erfolg!

Gehe jetzt auf **www.nils-brennecke.de** oder scanne den QR-Code und sichere dir die unverzichtbare Grundlage für den Aufbau eines wirkungsvollen Marketings: mit einem VIP-Marketing-Konzept von Nils Brennecke – dem Mittelstandberater.

# DER MITTELSTAND IM GESPRÄCH

**KARSTEN FUCHS,
MARKETINGLEITER
VON MERCEDES-BENZ
SPECIAL TRUCKS (UNIMOG)**

Marken und Produkte, die es schon seit Generationen gibt – müssen die überhaupt noch beworben werden? Die kennt doch jeder. Cie laufen doch von allein. Da lässt sich aufgrund des hohen Bekanntheitsgrades viel Marketingbudget einsparen – oder? Das könnte man meinen. Dem ist allerdings nicht so. Denn auch bekannte, beliebte und geschätzte Marken müssen sich permanent neu erfinden, um dem jeweiligen Zeitgeist zu entsprechen, um Gehör zu finden. Marken sind geradezu gezwungen, sich Trends anpassen, um in ihrer Zielgruppe wahrgenommen und unentbehrlich zu werden. Nicht zu vergessen sind dabei die sich permanent weiterentwickelnden Lebensumstände, der technische Fortschritt sowie die sich über Generationen hinweg verändernden gesellschaftlichen Bedürfnisse.

Beispiel Coca-Cola: Für die Brause wird gefühlt seit Menschengedenken geworben – immer im aktuellen Zeitgeist, immer populär, immer

**Karsten Fuchs, Jahrgang 1968, studierter Maschinenbauingenieur (Hochschule für Wirtschaft und Technik Karlsruhe) mit Zusatzstudium Internationales Marketing an der FH Reutlingen. Nach dem Berufseinstieg bei einem mittelständischen Unternehmen des Maschinen- und Anlagenbaus im Jahre 1995 seit 1999 in verschiedenen Funktionen in Vertrieb, After Sales und Marketing bei der Daimler AG und der Daimler Truck AG tätig. In der jetzigen Tätigkeit als Leiter Marketing / Kommunikation Mercedes-Benz Special Trucks seit 2017.**

erfolgreich. Beinahe auf jedes Consumer-Produkt lässt sich dies projizieren. Nicht zu vergessen: die Automobilhersteller. Gerade jetzt, wo es um alternative Antriebstechnologien geht, um die Abkehr vom Verbrennungsmotor, um den in den Fokus gerückten Klimaschutz. Die gesamte Branche erfindet sich derzeit neu. Einher geht dies natürlich auch mit einer veränderten Kommunikation. Selbst im Nutzfahrzeugbereich, ein im ersten Moment eher unsexy erscheinendes Feld für besonders kreative Auswüchse der Marketingschaffenden, tut sich einiges – und das nicht erst seit gestern.

Ein Produkt, das seit 1949 in Deutschland serienmäßig produziert und in 160 Länder der Erde exportiert wird, ist eines der wahrscheinlich bekanntesten Nutzfahrzeuge der Welt: der Unimog von Mercedes-Benz. Es gibt in Europa garantiert keinen Verkehrsteilnehmer, dem noch kein Unimog begegnet ist: Ob im Winterdienst mit Schneepflug und Streuautomat, im Sommer beim Mähen der Seitenstreifen oder im Straßenbau eingesetzt – die orangefarbenen Unimog der Straßen- und Autobahnmeistereien kennt jeder. Man kennt die kompakten Nutzfahrzeuge aber auch von der Feuerwehr, vom THW, als Rettungswagen und als Camping- und Expeditionsfahrzeug. Wer bei der Bundeswehr war, hat ebenfalls höchstwahrscheinlich mit dem Unimog Bekanntschaft gemacht. Selbst im Schienenverkehr kommt der Unimog zum Einsatz: Mit der Umrüstung zum sogenannten Zweiwege-Fahrzeug kann der Unimog zum Beispiel als Alternative zur klassischen Rangierlok eingesetzt werden und Güterwaggons von A nach B ziehen. Ist diese Aufgabe erfüllt, begibt er sich von der Schiene zurück in den Werks- oder Straßenverkehr. Und wer in der Landwirtschaft tätig ist, für den ist der Unimog so etwas wie ein Kindheitstraum, den man sich irgendwann einmal unbedingt erfüllen möchte. Hier kommt er hauptsächlich in der Agrarlogistik zum Einsatz, um etwa die Ernte über längere Strecken mit Anhängern im Schlepptau schnell und kostengünstig vom Feld zum Hof zu bringen. Ursprünglich wurde das UniversalMotorGerät sogar primär für den Einsatz in der Landwirtschaft konzipiert. Dass sich aus diesem Fahrzeug dann eine derart flexible, kompakte und multifunktionale Nutzfahrzeugplattform entwickeln würde, konnten seiner Erfinder nicht ahnen.

Unglaublich: Es gibt Unimog Fanclubs auf der ganzen Welt, Merchandise-Artikel mit Unimog Schriftzug oder dem historischen Ochsenkopflogo darauf gehen weg wie geschnitten Brot. Und das Unimog Museum in Gaggenau, wo der Unimog bis 2002 gebaut wurde, bis die Produktion nach Wörth am Main umzog, verzeichnet stetig wachsende Besucherzahlen.

Mit Karsten Fuchs, dem Marketingleiter von Mercedes-Benz Special Trucks, habe ich gesprochen und Hochinteressantes rund um das Kultfahrzeug Unimog und das dazugehörige Marketing erfahren.

**Nils Brennecke: Wie erklären Sie es sich, dass ein Nutzfahrzeug, das ursprünglich als Geräteträger für die Landwirtschaft entwickelt wurde, zu einem regelrechten Kultprodukt avancieren konnte, um das sich sogar international Fanclubs inklusive Fanclub-Magazin gebildet haben?**
Karsten Fuchs: Vermutlich hat kein anderes Fahrzeugkonzept im Laufe seines bisherigen Lebenszyklus eine so breite Weiterentwicklung, Diversifizierung und gleichzeitig Spezialisierung erfahren wie der Unimog. Er kam sozusagen als Nachkriegskind auf die Welt, in einer Zeit, als Deutschland

über den Marshallplan zu einem Agrarland umgestaltet werden sollte, und hat in kürzester Zeit die motorisierte Landwirtschaft revolutioniert. In einer Welt der langsamlaufenden Traktoren ohne Fahrerkabine hat er Anfang der 50er Jahre als schnelllaufendes Multifunktionsfahrzeug mit Fahrerhaus, Allradantrieb, Pritsche und einer Vielzahl von Geräteantrieben eine große Verbreitung gefunden. Schon bald hatten dann auch die Bundeswehr, Feuerwehren und viele Armeen weltweit und der Straßenbetriebsdienst seine Qualtitäten erkannt, und die Absatzzahlen schnellten fast exponentiell in die Höhe. Fast jede Gemeinde hatte früher oder später mindestens einen Unimog im Einsatz, er war aus dem Straßenbild nicht mehr wegzudenken. Seine vielfältigen Anwendungsmöglichkeiten und seine legendäre Robustheit und Wertstabilität haben ihn dann auch in seinem zweiten oder dritten Leben in privater Hand zu enormer Beliebtheit verholfen, und so wurden schnell weltweit Fanclubs gegründet. Der oben erwähnte Unimog Club Gaggenau ist in Sachen Mitgliederzahl der größte Mercedes-Benz Markenclub und selbst in China und Nordamerika mit Regionalgruppen vertreten.

**Der Unimog lief erstmals 1949 bei Boehringer vom Band, bevor er dann vom Motorenlieferanten Mercedes-Benz übernommen und ab 1951 im Werk Gaggenau bis 2002 gebaut wurde. Seither wird der Unimog bei Mercedes-Benz Special Trucks in Wörth am Main produziert. Welches Marketing betreiben Sie für das Fahrzeug?**

Der Unimog ist ein Nutzfahrzeug und in der Regel ein Investitionsgut, das von seinen Anwendern – unseren Kunden – überwiegend zweckspezialisiert eingesetzt wird. Er ist in einer Vielzahl von Branchen vertreten, vom Kommunaleinsatz über die Land- und Forstwirtschaft, Feuerwehren, im

Zweiwege-Einsatz (Schiene/Straße) und nicht zuletzt im sogenannten Defence-Einsatz, also als Logistikfahrzeug bei Armeen.

Unser Marketing und unsere Produktkommunikation müssen also alle diese Branchen abdecken und im Idealfall gleichzeitig die komplette Entscheidungs- und Nutzerstruktur bedienen und informieren.

Wir adressieren also nicht nur die Entscheider in Behörden und Industrie, sondern auch zum Beispiel Bauhofleiter und Fahrer beziehungsweise Landwirte oder Inhaber von Dienstleistungs- und Lohnunternehmen. Unsere Zielgruppen sind also relativ breit gefächert und jede Ebene hat ihre berechtigten Ansprüche ans Produkt.

Die Herausforderung dabei ist, die Nutzen-/Vorteilsargumentation in Bezug auf Wirtschaftlichkeit, Sicherheit, Anwenderkomfort und natürlich die zur Erledigung der jeweiligen Aufgabe geforderten Produktspezifika über alle genutzten Kanäle zu kommunizieren.

Seit jeher versuchen wir dabei auch, das Prinzip „to see is to believe" umzusetzen – also die praktische Vorführung unserer Fahrzeuge im Einsatz. Wir halten dafür zusätzlich zu den händlereigenen Vorführ-Unimog einen großen Fuhrpark an werkseigenen Vorführfahrzeugen vor. Papier ist geduldig, und die beste Beweisführung ist immer noch das Zeigen und Vorführen in der Praxis, unter direkter Miteinbeziehung unserer Kunden und Interessenten. Dies erfolgt im Rahmen von Roadshows, Messen wie beispielsweise der Demopark in Eisenach oder der FireMobil in Welzow mit aktiven Vorführungen, oder in unserem berühmten Vorführgelände Sauberg oder der „Kiesgrube" in Ötigheim bei Gaggenau. Unterstützt werden wir und unsere Unimog Generalvertretungen im In- und Ausland dabei von zahlreichen Aufbauherstellern, den sogenannten Unimog Partnern und Unimog Expert-Partnern, die ihre An- und Aufbaugeräte an von uns zur Verfügung gestellten Unimog demonstrieren und als Multiplikatoren im Markt agieren.

**Wie hat sich das Marketing für den Unimog über die Jahre verändert?**
Weniger Print, mehr Digitalisierung, so lässt sich das sicher in aller Kürze zusammenfassen. Wir haben als Mercedes-Benz Special Trucks schon seit fast 15 Jahren einen attraktiven Webauftritt (special.mercedes-benz-trucks.com), wo wir zahlreiche branchenspezifischen Kunden- und Anwenderstories in Bild und Film präsentieren.

Bei dieser Plattform haben unsere Kunden auch die Möglichkeit, über ein Webformular mit uns in Kontakt zu treten, Fragen zu stellen oder eine weitergehende Beratung anzufragen.

Im vergangenen Jahr haben wir diesen Auftritt nun weiter ausgebaut und attraktiviert, indem wir die bisher rein in Printform verfügbaren Produktinformationen digitalisiert und in Multimediaformat zur Verfügung stellen. So wurden aus dem ehemals rund 20 Broschüren umfassenden Broschürenbaukasten nun ein attraktiver und stets aktueller Webauftritt.

Unser Printangebot beschränkt sich nun auf eine branchenübergreifende Basisbroschüre pro Baureihe, die aber entsprechende Absprungpunkte in die digitale Welt bietet.

Dazu kommen natürlich noch unsere Unimog-spezifischen Social-Media-Kanäle, die sich einer stetig wachsenden Zahl von Followern erfreuen.

Neben der klassischen Printwerbung in Spezialmagazinen arbeiten wir auch zunehmend mit digitaler Werbung wie etwa Google Ads. Das gab es früher so in dieser Form noch nicht. Das seit Jahrzehnten erscheinende, als Kundenbindungsinstrument überaus beliebte Unimog Magazin mit aktuell zwei Ausgaben jährlich, senden wir seit vergangenem Jahr digital an unsere Direktbezieher aus, bieten aber unseren Händlern auch die Möglichkeit, es ihren Kunden im Printformat zu überreichen.

### Wie lassen sich Marketingmaßnahmen für ein Nutzfahrzeug zeitnah messen?

Das ist gar nicht so einfach. Es gibt ja den alten Spruch (sicher nicht ganz ernst gemeint), dass ungefähr die Hälfte des jährlichen Marketingbudgets verpufft und wirkungslos bleibt. Aber keiner weiß, welche 50 Prozent.

In der Praxis stimmt das so sicher nicht, und in Zeiten knapper Budgets ist es von größter Bedeutung, eine Messbarkeit von Marketingmaßnahmen sicherzustellen oder zumindest anzustreben und somit ein möglichst gutes Kosten-/Nutzenverhältnis herzustellen. Da bieten digitale Maßnahmen sicherlich bessere Möglichkeiten als die klassischen Printelemente.

Ein Beispiel: Früher wurden während einer Messe buchstäblich Tonnen von Papier in Form von Broschüren ausgegeben und von den Messebesuchern mit nach Hause oder ins Geschäft genommen. Wieviele der Broschüren womöglich ungelesen im Müll gelandet sind, hat man nie erfahren, geschweige denn, ob sich daraus im besten Fall ein Geschäft ergeben hat. Das kann man heute über QR-Codes, Responseformulare, Leadmanagement über alle Vertriebsstufen et cetera natürlich viel besser messen.

**Wie groß ist Ihre Marketingmannschaft bei Mercedes-Benz Special Trucks, die nur für den Unimog tätig ist, und in welchen Bereichen arbeitet Ihr eigenes Team im Bereich der Kommunikation?**

Mein Team umfasst neben meiner Person sieben Mitarbeiterinnen und Mitarbeiter. Gemeinsam decken wir das gesamte Spektrum an Marketing und Produktkommunikation für unsere Special Truck Baureihen Unimog, Econic und Zetros ab, und zwar für zivile und nicht-zivile Anwendungen, sowie die Betreuung unseres Vorführfahrzeugparkes von derzeit mehr als 100 Fahrzeugen. Unterstützt werden wir dabei nicht nur von tüchtigen und kreativen Agenturen, sondern auch von Zentralabteilungen wie zum Beispiel der Presseabteilung oder der Konzernkommunikation.

**In welchen Bereichen nehmen Sie Marketingunterstützung von externen Dienstleistern in Anspruch?**

Auch wenn wir vieles mit eigenen Kräften leisten können, stützen wir uns bei vielen Themen auf die fachlichen und kreativen Kapazitäten von Agenturen ab. Dies betrifft unter anderem die Betreuung und das Monitoring unserer Social-Media-Kanäle, wie oben schon erwähnt das Unimog Magazin, Contentproduktion für unsere Websites aber auch Messebau oder IT-Themen.

**Das Unimog Magazin, das Sie herausgeben, genießt in Kunden- und Fankreisen einen ebensolchen Kultstatus wie der Unimog selbst. Wie erklären Sie es sich, dass sich tausende Meschen auf der ganzen Welt über jede neue Ausgabe eines Magazins freuen, in der sich alles nur um das eine Produkt dreht – den Unimog?**

Das Unimog Magazin ist seit Jahrzehnten eine feste Größe bei Kunden und Fans des Unimog, hat eine fünfstellige Zahl an Abonnenten und erscheint in mehreren europäischen Sprachen. Sicherlich bildet sich die Faszination des Produktes auch im Magazin ab. Die Stories sind flott geschrieben und behandeln ein weites Spektrum an Anwendungen und Einsatzfeldern. Unseren Lesern bieten wir so einen interessanten Einblick in die große Welt des Unimog, das wird entsprechend goutiert.

**Sie möchten den Unimog wieder mehr in dem Umfeld absetzen, wofür er einst konzipiert wurde, der Landwirtschaft. Welche konkreten Marketingmaßnahmen setzen sie für dieses Vorhaben um?**

Neben der stetigen, anwendungsbezogenen Weiterentwicklung des Fahrzeuges selber sind wir marketingseitig bestrebt, die USP's des Unimog an unsere Zielgruppe zu kommunizieren. Hierbei nutzen wir die klassischen, oben beschriebenen Plattformen und Kanäle, aber auch Auftritte auf Fachmessen und Ausstellungen wie beispielsweise der Agritechnica, der Weltleitmesse für Agrartechnik in Hannover, aber auch auf regionalen Ausstellungen und Tagungen wie dem Landwirtschaftlichen Hauptfest in Stuttgart, dem Karpfhamer Fest, der Lohnunternehmermesse DeLuTa oder der Agra in Leipzig, wo wir mit unseren Händlern zusammen ausstellen und vorführen.

Wie schon erwähnt, ist vor allem die praktische Vorführung beim Kunden ein wichtiges Marketinginstrument, das wir mithilfe unserer zahlreichen Agrarvorführmaschinen bespielen.

**Die Zeiten ändern sich im Bereich der Mobilität gerade gewaltig. Sie experimentieren mit den Themen Wasserstoff- und Elektroantrieb beim Unimog. Welche Anpassungen oder Änderungen haben Sie diesbezüglich schon im Marketing oder in der Kommunikation vorgenommen?**

Wir stehen hier noch relativ am Anfang der Entwicklung und sprechen über Prototypen, die noch weit von einem möglichen späteren Serieneinsatz entfernt sind. Wir hatten einen einsatzfähigen Geräteträger-Unimog mit einem Wasserstoff-Verbrennungsmotor („WaVe") auf der Messe Demopark in Eisenach im vergangenen Mai ausgestellt. Das Kundenfeedback hierzu war überaus positiv und hat uns ermutigt, diesen Prototypen gemeinsam mit ausgesuchten Schlüsselkunden im Praxiseinsatz weiterzuentwickeln. Hierzu kommunizieren wir aktuell noch eher zurückhaltend, werden dies aber sicher mit zunehmenden Erkenntnissen aus der Praxis weiter ausweiten.

**Ein Tipp an kleine und mittlere Unternehmen: Wie wichtig ist aus Ihrer Sicht ein professionelles Marketingkonzept als Basis für das Unternehmensmarketing und wie findet ein unbedarfter Unternehmer eine geeignete Agentur, beziehungsweise einen geeigneten Berater?**

Hier ist es schwierig, eine generell gültige Empfehlung auszusprechen. Das hängt natürlich sehr von Branche, Unternehmensgröße und natürlich auch dem zur Verfügung stehenden Budget ab.

⌐Eine zielgruppengerechte Marketingkommunikation ist das A und O und Fundament für die Vermarktung der jeweiligen Produkte oder Dienstleistungen.⌐

Für einen professionellen Unternehmensauftritt ist es aus meiner Sicht ab einer gewissen Unternehmensgröße unerlässlich, mit einer geeigneten Agentur zusammenzuarbeiten. Diese zu finden ist oft nicht einfach. Hier kann sicherlich das Gespräch mit Branchenkollegen im Rahmen von Verbänden helfen oder man schaut einfach mal, was der Wettbewerb so macht und ob einem das gefällt, was da veröffentlicht wird. Be Mercedes-Benz Special Trucks arbeiten wir seit vielen Jahren mit den gleichen Agenturen zusammen.

⌐Im Idealfall befruchten sich Agentur und Kunde wechselseitig und wachsen und entwickeln sich gemeinsam. Das ist nichts was über Nacht passiert, sondern braucht Zeit. Deswegen halte ich persönlich auch nichts von ständigen Agenturwechseln. Kontinuität ist hier aus meiner Sicht ein Schlüssel zum gemeinsamen Erfolg.

nils-brennecke.de

**Wie kann sich ein Handwerker oder ein anderer mittelständischer Unternehmer zum Kult-Unternehmer in der Region entwickeln – so wie es Ihr Produkt geschafft hat, der Unimog?**

⌐Ich glaube, dass neben den „Grundtugenden" wie Kundenorientierung und Verlässlichkeit zu einer engen Beziehung zu Kunden und Lieferanten ein Key Visual, also ein sich wiederholendes Schlüsselbild, mithilft, sich vom Wettbewerb zu differenzieren und Sichtbarkeit bei der Zielgruppe zu erlangen.⌐

Wir haben auch viele Kunden aus Handwerk und Mittelstand, die sich zu diesem Zwecke bewusst einen oder mehrere Unimog angeschafft haben. Nicht nur wegen der unbestrittenen Produktqualitäten, sondern wegen der Sichtbarkeit im Straßenbild und der Außenwirkung auf der Baustelle. ⌐Der Unimog als in Stahl und Eisen gegossenes Kundenversprechen sozusagen und als Sinnbild für Qualität, Nachhaltigkeit und Tradition.⌐

# KAPITEL 3

# DEINE ERSTE ECHTE MARKETING-STRATEGIE

Wenn du möchtest, dass ich dein Unternehmen durchleuchten, dein Marketing, deine Medien auf Herz und Nieren überprüfen und für dich schließlich ein schlüssiges und allumfassendes Marketingkonzept entwickeln soll, dann stelle schon mal alles zusammen, was du in den vergangenen zwei Jahren marketingmäßig unternommen hast: ch muss alles sehen – jede Anzeige, jede Drucksache, jedes Firmenschild, die Webseite, deine Social-Media-Kanäle, deinen Fuhrpark und die Dienstbekleidung deiner Mannschaft, solltest du welche im Einsatz haben. Auch muss ich neben einem Verkaufs- oder Showroom alle Bereiche des Unternehmens sehen, die Kunden sehen, wenn sie zu cir in die Firma kommen. Hast du Werbegeschenke am Start, wie sehen deine Weihnachtskarten aus, dein Firmenstempel, deine übrigen Geschäftsdrucksachen, die Kaffeetassen mit Logo? Alles, trage wirklich alles zusammen, was auch nur im Ansatz mit der Außendarstellung deiner Firma zu tun hat. Das ist der eine Teil, deine Hausaufgabe.

Vorher aber telefonieren wir. Mein Team und ich machen ein Interview mit dir. Wir löchern dich: Was machst du genau, wie lange gibt's die Firma schon, wie groß seid ihr, welchen Umsatz macht ihr, welchen Stellenwert habt ihr in eurem Bereich, in der Zielgruppe, wo willst du hin, wie betreibt ihr Mitarbeiter-Recruiting? So schonungslos offen ich dieses Buch hier schreibe, so schonungslos offen musst du sein, wenn es darum geht, dich professionell beraten zu lassen.

Die Konzeptentwicklung ist eine Investition in das Weiterkommen deiner Firma, keine Ausgabe. Das ist das Wichtige. Denn am Ende sollst du massiv entlastet werden: Dein sinnvolles Marketing soll aufgehen, dich oder deine Produkte in deiner Zielgruppe nachhaltig positionieren. Und vor allem ist es ratsam, dass sämtliche Daten an einem zentralen Ort verwaltet und bei Bedarf in der immer selben hohen Qualität an die nötigen Dienstleister weitergegeben werden. Vorbei mit dem Hinterherrennen deiner Logodaten und Farbangaben in CMYK oder RAL. Denn neben einem schlüssigen Konzept ist natürlich auch die Effizienz in der dann folgenden Umsetzung wesentlich.

# NACH DEM UNTER-NEHMENS-COACHING IM MARKETING DURCHSTARTEN

Vielleicht hast du schon Strategieseminare besucht, bist in einem oder mehreren Mentoringprogrammen, hast vielleicht schon mal an einer Masterclass teilgerommen. Mein Team und ich setzen genau da an, wo die Kollegen aufhören: nämlich genau an der Basis, an der Wurzel. Du hast möglichweise durch Fortbildungen oder Webinare Prozesse innerhalb deiner Firma verbessert. Im Idealfall bist du begeistert, weil alles seither viel besser flutscht und sich das Umsetzen deines erlangten Wissens positiv auf deine Mannschaft übertragen hat. Das würde ich mir für dich wünschen.

Die Vielzahl der per Mausklick verfügbaren Trainer und Mentoren ist beinahe unüberschaubar. Für jedes Thema gibt es Experten, die sich um deine Entwicklung kümmern möchten. Es gibt viele Trainer und Mentoren, die einfach jedes Thema in ihrem Bauchladen haben. Da schau lieber zweimal hin, wer für dich eher sinnvoll und wer eher weniger sinnvoll ist. Wie bei der Masse an Dienstleistern im Marketingbusiness, die für den Laien längst unüberschaubar geworden ist, ist es im Coaching-Bereich auch. Aber im Grunde ist es doch ganz einfach: Wer einfach nicht aus dem Quark kommt, wer Angst vor dem Betreten von Neuland hat, für den wäre ein Motivationsschub ja nicht das Schlechteste, oder? Ein Seminar beim Motivationstrainer wirkt da oft Wunder – als Arschtritt, um möglicherweise den Ernst der Lage zu erkennen. Wenn es im Betrieb drunter und drüber geht, ständig Material verschwindet oder kaputtgemacht wird und es selbstverständlich niemand gewesen sein will, dann gibt es wirklich gute Trainer, die deinen Laden auf seine Struktur durchleuchten und dir auch in Sachen Betriebswirtschaft auf die Finger schauen.

Und wenn dir (spätestens jetzt) klar geworden ist, dass du in Sachen Marketing eigentlich auf der Stelle trittst und das bisher Selbstgestrickte nicht wirken und den gewünschten Erfolg einbringen will, dann empfehle ich mich als Coach, Berater und Mentor. Ich habe es zu Beginn geschrieben: 35 Jahre Marketingerfahrung, jede Disziplin von der Pike auf gelernt – und zwar in der harten Praxis und nicht in der Uni mit hypothetischen Projekten, für deren Umsetzung man ein Semester lang Zeit hat. Meine Kunden sind Schweinezuchtgenossenschaften, Stahlhändler und Stahlbauer, es sind ganz klassische Kleinbetriebe von zwei, drei bis 20, 30 Mitarbeitern, es sind Zulieferer, Industrieunternehmen, Dienstleister, Händler und auch Global Player. Und ich sage es auch ganz offen: Es kommt hin und wieder vor, dass ich mit einem Unternehmer nicht zusammenkomme. Wenn die Chemie nicht stimmt, wenn ich eine gewisse Beratungsresistenz erkenne, wenn es einfach miteinander nicht passt, dann sage ich das und nehme den Auftrag nicht an. ⌜Es gibt für einen Unternehmer doch nichts Ätzenderes als mit einem Kunden rumzueiern, der am Ende alles besser weiß und das Vorgelegte aus Prinzip anzweifelt und im Kern sowieso doof findet. Das ist nicht schlimm. Das ist menschlich. Und auch hier gilt wieder mein Grundsatz: Alles offen und ehrlich ansprechen, es nützt kein Beschönigen.⌟

Wenn wir nämlich zusammenarbeiten und ich über Möglichkeiten und Ideen für deine Firma brüte, allerdings mit falschen Parametern oder einer falschen Ausgangslage ins Rennen geschickt werde, dann kann das Ganze ja nichts werden. Schade um die Zeit, schade um alle Bemühungen.

⌜Natürlich geht es bei allem ums Geschäft. Deine Investition in deine Unternehmensberatung, in dein Coaching soll sich selbstverständlich auszahlen. Alles andere wäre widersinnig. Du kennst den Slogan „Nur wer mitspielt kann gewinnen"⌟ Ich liebe ihn. Ich lege ihn auf dein Vorhaben um, dich im Marketingbereich künftig hochprofessionell mit maßgeschneiderten Ideen beraten zu lassen. Also, spiele mit und werde zum Gewinner. ⌜Der Schritt „ja" zu sagen und einem externen Berater zu vertrauen, ist der Anfang deiner Glückssträhne. Laufen nämlich ab sofort alle Fäden zentral zusammen und werden alle Marketingmaßnahmen zentral aus einer Hand gesteuert, dann spart das nicht nur eine Unmenge an Zeit. Es erspart dir das regelmäßige Haare-raufen und den Ärger, den du bis dato mit deiner Armada an Werbefach-leuten hattest, die du über die Jahre um dich geschart hast. Es ist ein Optimierungsprozess innerhalb deines Unternehmensmanagements. Dein neuer Marketingprofi, der die Lage überschaut und auch von sich aus Impulse gibt, ist Gold wert. Meine jahrzehntelange Erfahrung, die ich dir anbiete mit all ihrem Lehrgeld, das ich für dich gezahlt habe, ist – sind wir ehrlich – unbezahlbar. Auch ich bin kein Samariter und schon gar nicht die Heilsarmee. Ich bin Unternehmer und an dem Erfolg mei-ner Arbeit interessiert. Denn leiste ich anständige Arbeit, hast du einen Vorteil. Und wenn du einen Vorteil hast, dann erzählst du in deinem Umfeld davon. Wenn wir zusammenarbeiten wirst du, abgesehen da-von, sowieso von deinem Umfeld auf die Veränderungen angesprochen werden, die an deiner Firma plötzlich von außen erkennbar sind. Und es wäre mir natürlich ein Fest, würdest du für mich eine Empfehlung aussprechen. Leider denken viele Unternehmer nicht so, ziehen ihr Ding durch, rechnen ab und tschüss. Im Mittelstand, dort, wo noch das Wort und der Handschlag zählen, da spricht sich so etwas allerdings schnell herum. Ehrlich währt am längsten.

# DIE LÖSUNG: DAS KONZEPT

Ein Beispiel, wie ein Kunde von mir von einem ganzheitlichen Konzept profitiert hat: Schon vor 20 Jahren hatte ich es satt, wenn in der Telefonwarteschleife beim Autohaus fürchterlich schrilles Gepiepse aus dem Hörer kam und „Für Elise" als Wartemusik kaum erkennbar war. Ich stellte mir die Frage, wieso ich jetzt, wo ich selbst auf den Werkstattmeister wegen eines Termins am Apparat wartete, nicht mit Saisonangeboten oder wichtigen Infos für mein Auto unterhalten werde. Ich bin ja hoch aufmerksam, weil ich jeden Moment meinen Gesprächspartner am anderen Ende erwarte. Wie gesagt: Ich rede vom Wartefall am Telefon, nicht von irgendeinem Auswahlmenü à la „Wenn Sie den Service wünschen, dann drücken sie die vier". Für genau diesen Wartefall hatte seinerzeit kaum eine Firma eine nette Lösung zu bieten. Idealerweise hört der Kunde natürlich niemals

eine Warteansage. Aber im Fall der Fälle sollte es eine Lösung geben.
Ich registrierte also eine eigene Web-Adresse und bot einen Telefonwar-
teschleifen-Service auf einer eigenen Landingpage an. Wir produzierten
zahlreiche Musteransagen für unterschiedliche Einsatzzwecke und mit
unterschiedlichen Stimmen. Beworben wurde dieser Service parallel
über unsere Werbeagentur. Ein nettes Geschäft, was sich langsam aber
sicher entwickelte. Eines Tages klingelte das Telefon und die Marketingleiterin einer Sanitätshauskette bestellte zwei, drei Ansagen für um die
600 Euro. Am nächsten Tag schickte ich ihr die fertig produzierten Ansagen per E-Mail. Die Dame war baff, dass das so schnell ging und bedankte
sich herzlich. Kurz darauf bestellte sie wieder. Wir kamen ins Gespräch
und ich versuchte ihr zu entlocken, wo ich eventuell noch meine Expertise
einbringen könnte. „Ach so, Visitenkarten machen sie auch?!", stellte sie
fest. Ich musste lachen. Die Gestaltung von Visitenkarten lag jetzt nicht
unbedingt im Zentrum unseres Tuns, aber natürlich, wir machten auch Visitenkarten. Ein Wort gab das andere, ich lud mich selbst auf einen Kaffee
bei der Dame ins Büro ein. Am nächsten Tag kam die Anfrage zur Über-
arbeitung des kompletten Erscheinungsbildes inklusive der Entwicklung
und Produktion eines Kundenmagazins und, und, und. Es war ein sehr erfolgreiches Unternehmen mit einem hohen zweistelligen Millionenumsatz.
Ich erhielt den Gesamtauftrag inklusive einer strukturbringenden Marke-
tingkonzeption. Und warum? Weil ich alles aus einer Hand bieten konnte.
Den Strategie- und Kreativpart inklusive der Ausführung und Lieferung
aller Medien, die nötig waren. Angefangen von der Webseite über Flyer,
Plakate, den Messestand, Werbegeschenke, Social Media, Foto und Video
et cetera. Aus den anfänglichen 600 Euro Umsatz konnte ich bei meinem
Besuch sofort 60.000 Euro Umsatz generieren. Das Schöne: Die Partner-

schaft bestand erfolgreich über viele Jahre mit zahlreichen neuen Ideen und Kampagnen – bis die Geschäftsführung wechselte und die Nachrücker ihre eigene Marketingmannschaft mitbrachten.

Ein Teil des Konzepts bestand darin, die Lieferwagen der Firma als Werbefläche zu nutzen. Zuvor waren die 30 Fahrzeuge, die in der weitläufigen Region jeden Tag mindestens acht Stunden on the road waren, nackt. Weiß. Blanco. Hier und da klebte höchstens mal ein Logo auf der Tür. Dabei sind die klassischen Kastenwägen, wie beispielsweise der Sprinter von Mercedes-Benz, der Transit von Ford, der Cargo von Opel oder der klassische Transporter von VW eine sensationelle Werbefläche. Je nach Radstand stehen etwa beim Sprinter ungefähr bis zu zehn Quadratmeter auf jeder Seite zur Verfügung. Das Heck noch nicht mitgerechnet. Meiner Erfahrung nach scheuen allerdings sehr viele Unternehmer in diesem Bereich Vollgas zu geben. Foliert man einen solchen Kastenwagen rechts, links und hinten vollflächig, dann reden wir von einem Investment von rund 1.500 bis 2.000 Euro. Grafische Arbeit inklusive. Im Handwerk werden die Fahrzeuge meistens gekauft, also nicht geleast. Die Laufzeit dieser Fahrzeuge liegt bei durchschnittlich acht Jahren – à 230 Arbeitstage. Das sind in Summe 1.840 Tage, an denen das Fahrzeug in der Region unterwegs ist und der Zielgruppe immer schön vor der Nase herumfährt. Rechnen wir mit dem Mittelwert, also mit 1.750 Euro für die Beklebung des Fahrzeugs. Das heißt, dass diese rund 20 Quadratmeter große Werbefläche am Tag 95 Cent kostet. Das ist nichts! Nichts im Vergleich zum Nutzen. Du hast einen Betrieb in der Baubranche: Fliesenleger, SHK, Dachdecker, Maler, GaLaBau – was auch immer. Deine Fahrzeuge fahren nicht nur jeden Tag durch dein

Zielgebiet – sie parken täglich stundenlang im Neubaugebiet, wo permanenter Bedarf an Handwerkern herrscht. Dort, wo Leute spazieren fahren, um sich Ideen für ihr neues Haus zu suchen. Dort bist du präsent. Für 95 Cent. Jeden Tag. Rechnen wir das Ganze mit einer Sechstagewoche, also den Samstag inkludiert. Das ist ja im Handwerk nichts Ungewöhnliches. Zack, sind wir bei 280 Tagen und somit bei insgesamt 2.240 Arbeitstagen, an denen so ein Kastenwagen seinen Dienst tut. Die Rechnung ist einfach – wir landen bei 78 Cent, die eine aufwendige und vor allem auffällige Gestaltung so eines Fahrzeugs am Tag kostet. Wir brauchen das Ganze jetzt nicht künstlich in die Höhe zu schrauben. Aber wenn der Unternehmer es seinen Mitarbeitern – nach Rücksprache mit dem Steuerberater – gestattet, das Fahrzeug mit nach Hause zu nehmen, dann steht es auch wieder irgendwo in einem Wohngebiet und sammelt Kontakte. Idealerweise parkt der Fahrer den Transporter noch strategisch gut – je nach Wert der Innenausstattung natürlich.

Fast keiner meiner Kunden hat diese Rechnung je aufgemacht. Und deshalb sage ich mit einem Augenzwinkern: Es ist doch völlig wurscht, was eine witzige, große, knallige, pfiffige und gut gemachte Fuhrparkgestaltung kostet. So günstig kommt keine andere Branche über einen so langen Zeitraum an eine sehr effektive Werbemöglichkeit. Und wie immer gilt auch in diesem Fall: Ausgedacht und konzipiert vom dem, der den Marketinghut aufhat. Man spricht auch von der Lead-Agentur. Die Umsetzung, das Plotten und Aufziehen der Schriften und Digitaldruckfolien, erledigt dann der Werbetechnikfachbetrieb am Ort. Er erhält von der Lead-Agentur die nötigen Dateien zur Weiterverarbeitung. So, wie der Maurer nach den Plänen des Architekten arbeitet.

# EIN NO-GO
# AM RANDE

Oft werde ich gefragt, was von einem Werbeanhänger zu halten ist. Ich halte gar nix davon. Denn diese Dinger stehen immer dort, wo sie einem Auto den Parkplatz wegnehmen. Jeder Mensch weiß, dass der Hänger nur zu Werbezwecken dort abgestellt wurde. Meistens sind das richtig teure Kastenanhänger. Klar, die Unternehmer wollen möglichst viel Fläche nutzen. Aber das Image dieser Parkplatzräuber ist maximal schlecht. Dazu kommt, dass diese Anhänger überwiegend hässlich und vor allem nicht wirksam gestaltet sind. Es sind also nicht nur Parkplatzräuber, es sind Schandflecken. Wieso nicht lieber an verschiedenen Ecken in der Stadt oder auf dem Land abends die Firmenfahrzeuge parken? Dort, wo sie auch wirken. Niemand assoziiert mit einem parkenden Sprinter, dass der dort jetzt zu Werbezwecken postiert wurde. Zumal, wenn er nicht immer an derselben Stelle steht. Daher regt sich auch niemand darüber auf. Mir ist klar, dass das nicht mit jedem Fahrzeug geht. Viele Handwerker haben ihre Fahrzeuge mit bis zu sechsstelligen Euro-Beträgen an Ausstattung versehen: Werkzeuge, Maschinen, speziell eingebaute Systeme. Das wäre zu riskant, die einfach irgendwo abzustellen. Aber in vielen Fällen geht es, etwa bei den Malern. Vielleicht ja auch bei dir, überlege mal scharf.

# DER MITTELSTAND IM GESPRÄCH

## HOLGER KÜHNE, VERTRIEBSLEITER UND PROKURIST BEI DENNERT MASSIVHAUS GMBH & DENNERT PROJEKTEINS GMBH

Nach einem Exkurs in eine künstliche Parallelwelt kehren wir zurück auf realen Grund und Boden und widmen uns dem Thema Hausbau. Hier gibt's nämlich ein tolles Beispiel, wie ein völlig neues Produkt in den Markt eingeführt werden konnte und dank ausgeklügelter Marketingkonzepte seit vielen Jahren sehr erfolgreich vertrieben wird. Die Rede ist vom ersten massiven Fertighaus Deutschlands, das von der DENNERT Massivhaus GmbH, einem Tochterunternehmen der Unternehmensgruppe DENNERT, in modularer Bauweise hergestellt wird. Seit 1933 dreht sich bei Dennert alles um den Bau. Bekannt wurde das Familienunternehmen vor allem durch seine Betonfertigteile (DX-Decken, Treppen- und Kellersysteme). 1998 hat das Unternehmen, das knapp 700 Mitarbeiter an sechs Standorten in Süddeutschland und Thüringen beschäftigt, damit begonnen, massive ICON Häuser in der (T)Raum-Fabrik herzustellen. Das Konzept ist so faszinierend wie einzigartig. So werden bereits in der (T)Raumfabrik die komplette Haustechnik, die Bäder, das Gäste-WC und sogar die komplette Küche eingebaut. Also ein maximaler Vorfertigungsgrad bei höchster Qualität und das alles in exakt aufeinander abgestimmten und vorgegebenen Abläufen.

**Holger Kühne, Jahrgang 1969, hat BWL in Bamberg studiert und war bereits in dieser Zeit im Bereich Marketing und Vertrieb tätig. Einige Branchen und Erfahrungen später, ist er seit 1999 in der Unternehmensgruppe DENNERT als Prokurist mit Schwerpunkt Marketing und Vertrieb für verschiedene Geschäftsbereiche verantwortlich.**

nils-brennecke.de

Die einzelnen Module sind so konzipiert, dass sie genau auf ein ICON „Raumfahrzeug" passen und somit superbequem auf die Baustellen geliefert werden können. Der Clou: DENNERT montiert das modular vorgefertigte ICON Einfamilienhaus an nur einem Tag regendicht (je nach Haustyp). Nach drei bis vier Tagen ist das DENNERT-Team mit seiner Leistung fertig.

Prokurist und Vertriebsleiter ist Holger Kühne. Seit Anfang an ist er an Bord und hat den Verkauf und somit auch die Produktion von unterdessen weit über 3.500 ICON Häusern, die das Werk in Schlüsselfeld verlassen haben, begleitet. Mit ihm habe ich über die Wichtigkeit von konzentrierten und zielgruppengerechten Marketingkonzeptionen gesprochen:

**Nils Brennecke: DENNERT war ja bereits jahrzehntelang erfolgreich im Betonfertigteilesegment am Markt, bis 1998 entschieden wurde, sich dem kompletten Hausbau zu widmen. Wie hat das Unternehmen vor dem Start einerseits seine Bauherrenzielgruppe eruiert und dann im Folgeschritt auf die Zielgruppe abgestimmt das Marketing ausgerollt?** Holger Kühne: Wir haben uns natürlich eingehend mit dem Marktsegment Fertighaus beschäftigt. Welche Player gibt es? Welches Angebotsportfolio gibt es? Wie sind die unterschiedlichen Positionierungen? Wie funktioniert der Vertrieb? Und so weiter. Eingehende Marktstudien wie beispielsweise der LBS-Research haben uns belastbare Marktdaten zu Zielgruppen, Finanzierungsvolumen oder auch Kundenwünschen geliefert. Unser Unternehmen hat hierzu ergänzend auch eigene Marktstudien beauftragt, bei der etwa Interviewer in Neubaugebiete gegangen sind und Baufamilien befragt haben, was unter anderem ihre

Motivation zum Hausbau war, welche Kriterien für sie wichtig waren und warum sie sich für ihren Anbieter entschieden haben. Natürlich ist auch der Erfahrungsschatz unseres Unternehmens ein wichtiger Faktor gewesen, denn DENNERT beschäftigt sich ja bereits sehr lange mit der Baubranche und dem Hausbau und kann hier auf sehr viel Markt-Know-how zurückgreifen. Mit all diesen Marktdaten haben w r uns der Thematik Marktingkonzept immer mehr angenähert und haben in der Startphase aber auch sehr viel „Learning by Doing" praktiziert. Wir haben ein erstes Test- und Musterhaus in unmittelbarer Nähe zu unserem Produktionsstandort gebaut und erste Interessenten durchgeführt und hierbei sehr genau zugehört, wie die Eindrücke und Wünsche unserer Bauherren sind.

**Wie wichtig ist es aus deiner Sicht, mit einem „runden" Marketingkonzept an den Markt heranzutreten?**

Ich denke, es ist zunächst einmal sehr wichtig den Begriff Marketing für ein Unternehmen klar zu definieren. Zu oft erlebe ich in Gesprächen, dass Marketing vor allem im Kontext mit Werbung gesehen wird. Ein schlüssiges Marketingkonzept geht hier wesentlich weiter und stellt sozusagen einen Kompass für ein Unternehmen dar: Wo ist mein Ziel, in welche Richtung muss ich gehen, welche Werkzeuge benötige ich, um das Ziel zu erreichen? Ich glaube, es ist extrem wichtig mit einem klaren Marketingkonzept an den Start zu gehen. Es ermöglicht einem Unternehmen unter anderem eine klare Kommunikation, und zwar sowohl im Innen- als auch im Außenverhältnis. Noch wichtiger ist es aber, sein Konzept immer wieder zu hinterfragen und sozusagen Outside-in Informationen in das Unternehmen zu transportieren, um das Gesamtkonzept immer weiter zu perfektionieren. Gerade in sich rasant verändernden Rahmenbedingungen ist ein hoher Grad an Flexibilität ein wichtiger Erfolgsfaktor. Ein agiles Marketingkonzept, das auf diese Veränderungen reagieren kann, gehört zwingend dazu.

**Wie seid ihr im Marketing organisiert? Gibt es eine Lead-Agentur, die die Fäden zentral in der Hand hält und somit den Überblick über alle Marketingmaßnahmen hat?**

Wir haben eine Marketingabteilung, die Themen zentral steuert. Wir unterscheiden hierbei zwischen strategischem Marketing: Unternehmens- und Markenphilosophie, CI/CD, Farbwelten, Wording und so weiter. Und dem operativen Marketing, welches dann die unterstützenden Maßnahmen am PoS über die Vertriebsorganisation steuert. Wir arbeiten bereits seit Jahren fest mit einer externen Agentur zusammen, ergänzen dies aber auch immer wieder mal durch weitere Unterstützung externer Agenturen für einzelne Maßnahmen. Alles aber immer konzentriert gesteuert durch die Marketingabteilung in der Firmenzentrale.

**DENNERT hat ein komplettes ICON Haus inklusive Haustechnik, Bad, Gäste-WC und sogar Fußbodenheizung mit 140 Quadratmetern Wohnfläche für unter 200.000 Euro im Angebot – das nach nur einem Tag regendicht aufgebaut ist. Das finde ich einen echten Knüller! Wie läuft es dann bei euch im Vertrieb und Marketing ab, dass ein solches Knüllerangebot möglichst ohne Streuverlust direkt in der Zielgruppe bekannt gemacht wird?**

Social Media ist hier natürlich ein wichtiges Instrument. Aber auch die klassischen Vertriebskanäle – von unserem sehr professionell aufgebauten Callcenter in Verbindung mit dem eigenen CRM-System über unsere eigene Vertriebsorganisation bis hin zu den damit verbundenen Maßnahmen in den einzelnen Vertriebsgebieten. Es ist also ein ganzer Blumenstrauß an Maßnahmen, mit dem wir am Ende eine entsprechende Marktdurchdringung und Zielgruppenansprache erreichen.

**Beschreibe doch bitte mal, welche Marketingmaßnahme als Einzelmaßnahme die erfolgreichste bisher bei DENNERT Hausbau war.**

Sei live dabei, wenn ein ICON Haus gestellt wird – das ist eine Maßnahme, die wir seit dem ersten Tag des ICON Hauses konsequent betreiben und die bei unseren Bauherren extrem gut ankommt. Eben nicht den klassischen Tag der offenen Tür zu erleben, sondern live dabei zu sein, wenn ein ICON Haus an einem Tag auf der Baustelle montiert wird. Das ist für unsere neuen Bauinteressenten ein tolles Erlebnis. Vor Ort kann man sich mit den aktuellen ICON Bauherren austauschen, man erlebt wie sauber und professionell unsere ICON Teams arbeiten und erfährt die hochwertige ICON Ausführung hautnah. Am Ende eines solchen Tages ist jeder Interessent restlos ICONISIERT.

**Ihr arbeitet natürlich mit zahlreichen Lieferanten und auch Handwerkern vor Ort auf den Baustellen zusammen. Bist du der Ansicht, dass vor allem kleinere Unternehmen noch Nachholbedarf in ihrer Außendarstellung und in ihrem Marketing im Allgemeinen haben?**

Mein Eindruck ist, dass noch immer sehr viele Unternehmen zum Beispiel die Wirkung ihres Internetauftritts extrem unterschätzen. Gerade das Handwerk könnte oft mit einem klaren Auftritt und tollen Referenzen viel besser punkten. Aktuell habe ich mit einem kleinen Zimmereibetrieb zu tun, der sich auf Holzcarports spezialisiert hat. Auf seiner Internetseite waren seine Adresse mit Telefonnummer und zwei unscharfe Carport-Fotos zu sehen. Dabei bauen der Inhaber und sein Sohn wirklich hochwertige Carports und sie könnten etliche tolle Referenzen zeigen. Aber das ist nur ein Beispiel dieser Art von wirklich sehr, sehr vielen.

**Was ist dein Rat an KMU, wie sie sich im Wettbewerb möglichst schnell und plakativ positionieren können?**

Professionelle Beratung von außen ist ein wichtiger Baustein. Ein zweiter ist in der Folge die konsequente und zielgerichtete Umsetzung. Das Motto bei uns in diesem Zusammenhang: Erfolg ist kein Zufall.

# KAPITEL 4

# UND WAS PASSIERT NACH DEM KONZEPT?

Mir ist die Situation von kleinen und mittleren Unternehmen bewusst: Fast jeder Unternehmer, mit dem ich spreche, hat mit Marketingleuten mindestens schon einmal schlechte Erfahrungen gesammelt. Überwiegend kam einfach nicht das erwartete Ergebnis zustande, das die Idee zunächst versprach. Denn in den meisten Fällen wurde kein Marketingprofi zu Rate gezogen, der mit Weitblick und einem immensen Erfahrungsschatz die Situation des Unternehmers einschätzen, nachvollziehen und daraus ein schlüssiges Marketingkonzept entwickeln konnte.

Aber: Es muss etwas passieren, die Konkurrenz schläft nicht. Und die Konkurrenz ist womöglich agiler, tritt nach außen sympathisch auf und ist gegebenenfalls Gesprächsthema am Ort, weil die aktuelle Marketingmaßnahme entweder die Geister scheidet oder auf jeden Fall irgendwie zu Gesprächsstoff führt. Mmmmh, lecker Seitenbacher Müsli ;-)

# VERTRAUEN –
# DIE BASIS EINER
# ERFOLGREICHEN
# ZUSAMMENARBEIT

Wie ich eingangs schrieb, ist es eine Altersfrage, die in den meisten Fällen darüber entscheidet, ob ein Marketingplan wirkt oder nicht. Es geht also um den Erfahrungsschatz, den ein Experte erst zum Experten macht. Ich will es nochmals betonen: All die Dienstleister, die sich am Markt tummeln, sind niemals per se schlechte Dienstleister. Der Web-Mensch, der Werbetechniker, das Grafikbüro, die Social-Media-Agentur. Aber wenn du als Unternehmer einen anderen Anspruch an dich selbst hast als viele Kollegen um dich herum, dann ist schlichtweg mehr Einsatz gefragt als lediglich dein Firmenlogo auf der Fahrer- und Beifahrertür von deinem

Kastenwagen zu kleben. Es muss jemanden geben, der den Hut auf-hat. Einen Dirigenten der Gewerke. Es braucht einen Architekten, der die Bauleitung gleich mit anbietet. Und so jemand kennt die Preise der einzukaufenden Gewerke, er kennt die nötigen Maßnahmen, er kann einschätzen, was für den jeweiligen Auftraggeber sinnvoll ist. Er kann einschätzen, wann mit Kanonen auf Spatzen geschossen wurde und wann nicht. Und weil du als Mittelständler weder eine Marketingab-teilung noch einen Marketingleiter oder eine Marketingleiterin hast, ist ein externer Fachmann gefragt. Natürlich verstehe ich die Vorbehalte meiner Auftraggeber, die wissen möchten, was in solch einem Konzept, also in der Basisarbeit aller in den nächsten Jahren folgenden Marke-tingaktivitäten steht. Ich kann ja schließlich viel schreiben, wenn der Tag lang ist. Auch hier ist die Antwort wieder einfach: Es geht neben der Erfahrung um das Vertrauen. Stell dir die folgenden Fragen: Hat es der Dienstleister potenziell aufgrund seiner langen Tätigkeit am Markt drauf? Überzeugen dich die Arbeiten für andere seiner Kunden? Hast du schon mal Arbeiten von ihm wahrgenommen und erkennst nun durch das gemeinsame Kennenlernen, dass es von ihm stammt? Hast du Ver-trauen in ihn, dass er dich und deine Company mit all seiner Expertise und Erfahrung im Marketing nachhaltig nach vorne bringen wird?

Es geht uns doch jeden Tag so: Wir müssen vertrauen, wenn wir ein-kaufen: Ist der Käse auch wirklich lecker und – lass es mich plakativ auf die Spitze treiben: nicht ranzig? Schneidet mir der Friseur auch wirklich nicht ins Ohr? Hält die neue Versicherungspolice wirklich das, was mir der Versicherungsmensch versprochen hat? Hat der Automechaniker auch wirklich die Radmuttern wieder fest angezogen? Hat der Paketbote das Paket auch wirklich dort abgelegt, wo es gemäß vereinbartem Ablageort liegen muss?

Jeden Tag leisten wir zig Vertrauensvorschüsse. Werden wir enttäuscht, werden wir wachsam. Spätestens beim nächsten Friseurbesuch weisen wir höflich darauf hin, dass wir gerne mit zwei Ohren nach Hause gehen möchten, sollte beim letzten Mal ein bisschen zu viel Schwung beim Haareschneiden geherrscht haben.

Und genau so ist es am Ende natürlich auch mit externen Werbe- und Marketingdienstleistern: Habe ich das Vertrauen in den Knaben oder in die Mannschaft? Positionieren die mein Geschäft wirklich so, dass wir spätestens mittelfristig beispielsweise ganz anders wahrgenommen werden, als es bisher der Fall war? Arbeiten die unsere Stärken und vor allem den Kundennutzen so heraus, dass wir mehr Anfragen erhalten, die mehr Umsatz ins Haus bringen? Schaffen die das?
Denn klar ist: Ein Friseur ist schnell gewechselt, der Zahnarzt auch. Erst recht die Käsesorte oder die Autowerkstatt. Aber den Dienstleister zu wechseln, der den vor noch gar nicht so langer Zeit eingeschlagenen Marketingkurs ganz sicher über den Haufen wirft, um einen neuen anzusteuern, erfordert einerseits Mut und vor allem Vertrauen. Es geht schließlich immer auch ums Budget!

Und was dann, wenn das nötige Vertrauen aufgebracht und nach einiger Zeit das Marketingkonzept vorgelegt wurde? Dann geht der Spaß erst so richtig los. Denn das Marketingkonzept ist die Basis von allem, was dann zu erfolgen hat. Wie schon gesagt: Das Konzept ist die Bodenplatte deines Hauses, das du darauf bauen willst: Wie viele Stockwerke, welche Innenausstattung und sogar welche Gartengestaltung – das alles beschreibt das Marketingkonzept. Es ist mehr als nur die Festlegung der Marschrichtung. Es beinhaltet neben dem konkret formulierten Ziel auch alle Etappen, die zum Erreichen dieses Ziels nötig sind. Jede Einzelmaßnahme ist darin berücksichtigt. Beispielmaßnahmen, die darin aufgeführt sein können, habe ich zuletzt ja schon beschrieben. Wie gesagt: Es geht nicht allein darum, ob dein Fuhrpark nun schön bunt und auffallend gestaltet wird. Das ist ein Puzzleteil des großen Ganzen. Und wenn deine Firma überhaupt keinen Fuhrpark hat, dann ist dieser Punkt für dich ja sowieso obsolet. Aber du hast verstanden, wie ein echter Fachmann mit Sachverstand und Erfahrung an die Sache rangeht.

Deswegen kann man auch beim ersten Kennenlernen und ohne Ausarbeitung des Konzepts gar nicht sagen, welche Gesamtkosten am Ende zu Buche schlagen werden. Denn alle aus dem Konzept resultierenden Maßnahmen kosten natürlich irgendeinen Betrag. Das Konzept als Basis von allem natürlich auch. Das ist reine Kreativarbeit – immer völlig individuell, denn keine Firma gleicht der anderen: Der eine Bäcker hat sich eher auf die Bioschiene spezialisiert und somit eine ganz andere Kundschaft als die örtlichen Kollegen. Der eine Fachbetrieb für Bauelemente hat nur eine Marke im Angebot, die er vertritt, ein anderer hat viele Marken und somit auch ein viel breiteres Sortiment im Angebot, wo viel mit Sonder-, Saison- und Abverkaufsaktionen hantiert wird. Der eine Zahnarzt ist vor allem an Selbstzahlerleistungen interessiert, der andere hat ein so spezielles Fachgebiet, dass er weniger argumentativ kommunizieren kann als sich rein visuell am Puls der Zeit darzustellen.

# OHNE LOGO LÄUFT NIX

Und somit sind wir auch bei den grundlegenden Leistungsbereichen, die ein sorgfältiges Marketingkonzept beinhaltet: Einerseits geht's um die Marketingstrategie: Was ist nötig, um das erklärte Ziel zu erreichen? Es werden möglicherweise eine oder mehrere Kampagnen skizziert, in denen argumentiert und somit der Kundennutzen deiner Produkte, deiner Leistungen kommuniziert wird – medienübergreifend und immer dort natürlich, wo deine Zielgruppe(n) anzutreffen ist oder sind. Und fast immer geht es bei den Marketingkonzepten, die ich für meine Auftraggeber aus allen Branchen im Mittelstand ausarbeite, auch um das Visuelle. Das fängt beim Firmenlogo an. In der Regel haben die Kunden, die zu mir kommen, ein entweder selbst geklöppeltes Firmenlogo, das in Wahrheit gar kein echtes Logo ist. Oder sie haben oftmals gar keins. Gerade im Gesundheitsbereich schauen mich meine Kunden mit großen Augen an, wenn ich erkläre, dass die Physiotherapiepraxis, der Zahnarzt oder zum Beispiel die Apotheke doch einen visuellen „Fixpunkt" brauchen, an dem sich die Kundschaft orientieren kann. Über die Apotheke einfach „Apotheke" drüber zu schreiben, zeugt nicht gerade von Einfallsreichtum. Braucht's das denn bei einer Apotheke? Aber natürlich! Gerade in einer Zeit, in der es um Differenzierung geht, um Service, um die Betüttelung der Kundschaft. Da braucht es ein individuelles Erscheinungsbild, das die Kunden mit positiven Attributen besetzen. Es braucht einen visuellen „Heimathafen".

In Bereichen, wo Ingenieure tätig sind, ist es eigentlich an der Tagesordnung, dass die Logos im heimischen Büro am Reißbrett entworfen wurden. Durch den Chef höchstpersönlich. Vor langer Zeit. Gattinnen von Unternehmenseignern sind auch nicht selten Urheber vermeintlicher Logos. Auch werden gerne die Arbeiten der Kinder zum offiziellen Firmenlogo erklärt und dann auf Visitenkarten und Fahrzeuge gedruckt, auf Bauschilder und allerlei andere Medien.

Es ist bei vielen Unternehmern, bei denen es möglicherweise seit Generationen brummt, noch nie so richtig über ganz speziell ausgetüftelte Marketingmaßnahmen gesprochen worden. Das ist so, weil sich viele Unternehmer überhaupt nicht darüber bewusst sind, wie viel Potenzial im Marketing liegt. Klar ist: Weil du dir dieses Buch gekauft hast, möchtest du gerne weiterkommen, dich fortentwickeln und noch erfolgreicher mit deiner Firma werden. Daher rate ich dir, zu reflektieren, wie nachhaltig du im Marketing und in deiner Kommunikation aufgestellt bist. Wenn du zu dem Schluss kommst, dass sich das in der Tat mal besser ein Profi mit kritischem Auge anschauen sollte, dann genügt eine E-Mail an mich.

**Du brauchst jemanden, der den Überblick in Sachen Marketing behält und bei dem alle nötigen Maßnahmen zusammenlaufen.**

# INNEN UND AUSSEN HUI

Neben der Entwicklung pfiffiger Aussagen und Aktionen – beispielsweise im Rahmen einer oder unterschiedlicher Kampagnen – ist natürlich das sogenannte äußere Erscheinungsbild deiner Firma sehr wichtig. In einer Zeit, in der es in allen Bereichen nur noch um Optimierung und das letzte Quäntchen Effizienzsteigerung geht, genügt ein lustiger Pinsel neben deinem Firmennamen längst nicht mehr als Firmenlogo. Das mag Oma nett finden. Aber Oma ist nicht (mehr) deine Kundin. Es sind ihre Kinder und wahrscheinlich sogar ihre Enkel, die dir Aufträge erteilen. Und wenn du da in der Zeit stehengeblieben rüberkommst, dann wird, gerade

bei der nachrückenden Auftraggeberge-
neration, der aufpolierte Wettbewerb das
Rennen um den nächsten Auftrag machen.
Und es kommt noch dicker: Es ist ja so ver-
flixt geradezu, dass es noch nicht mal an
der Außendarstellung und an möglichst
pfiffigen Ideen liegt, die dich in Position
bringen. Es ist die Klaviatur der vielen
unterschiedlichen Medien, die zusätzlich
unabdingbar im Einsatz um den nächsten
Auftrag nötig ist. So einfach es scheint, mit
ein paar netten Bildchen und einem eingän-
gigen Spruch um die Ecke zu kommen, so
anspruchsvoll ist es, eine wirksame Kommunikation zu entwickeln.

# ERFOLGS-VERSPRECHER SOCIAL MEDIA

Picken wir uns mal wieder ein Beispiel heraus: Social Media. Bei vielen Firmen im Mittelstand herrscht die Meinung, dass Facebook, Instagram & Co. „was für die jungen Leute ist". Und deswegen lassen die Unternehmer dann auch gerne „die jungen Leute dran, weil die sich damit ja auskennen". Hilfe! Nur, weil beispielsweise die eigene Tochter oder die Azubis privat in den sozialen Netzwerken unterwegs sind und vielleicht mal alle drei Wochen zusätzlich einen Post für den Sportverein absetzen, heißt das doch nicht automatisch, dass sie innerhalb dieser Medien deine Company repräsentieren können. Die, die jeden Tag stundenlang auf TikTok beklopppte Videos konsumieren und auf Insta die Pizza posten, die sie gerade auf dem Teller haben, sollen jetzt deine Social-Media-Manager sein, die im Rahmen deiner Kommunikationsstrategie zielgruppenorientierte Postings zu dem Zeitpunkt online stellen, zu dem sich deine Zielgruppe mit großer Wahrscheinlichkeit mit Facebook und Co. beschäftigt? Ganz zu schweigen von LinkedIn – ein für viele Branchen inzwischen sehr wichtiges Netzwerk, in dem sich Entscheider tummeln, darstellen und Beiträge konsumieren. Das Niveau ist hier noch einigermaßen hoch. Es muss also – wie bei allen Maßnahmen, die es in Erwägung zu ziehen gilt – auch hier geprüft werden, ob ein Engagement auf LinkedIn sinnvoll ist.

Erinnert dich das hier Skizzierte an das Beispiel mit dem „guten Fotoapparat"? Weder der gute, teure Fotoapparat macht automatisch sinnvolle Werbeaufnahmen, noch der Mechatroniker-, Friseur- oder Versicherungskaufmann-Azubi automatisch marketingstrategisch wirkungsvolle Postings. Konzerne im Consumerbereich investieren jeden Monat Hunderttausende von Euro allein ins Social-Media-Marketing. Da werden nicht selten zusätzlich sechsstellige Beträge investiert, die als Advertising möglichst noch mehr Usern angezeigt werden sollen – komplett zielgruppenorientiert. Bevor man also völlig unstrukturiert irgendwas in irgendwelche Kanäle postet, lässt man es besser bleiben. Denn im Handumdrehen ist ein Firmenimage mit ein paar unbedachten Postings ramponiert – im besten Falle angekratzt.

Ein Unternehmen, dessen Bekanntheit und somit auch dessen Erfolg im Wesentlichen auf durchdachter Social-Media-Arbeit beruht, ist zum Beispiel das Deutsche Bunkermuseum in Schweinfurt. Betreiber dieser in Deutschland größten Ausstellung zum Thema Luftschutz während des Zweiten Weltkriegs und des Kalten Kriegs sind meine Frau und ich. Ein völlig verrücktes Hobby. Vor zehn Jahren haben wir vom Staat einen riesigen Luftschutzbunker von 1941 gekauft. Aus der ursprünglichen Idee, auf den Hochbunker, in dem bis zu 1.800 Menschen Zuflucht fanden, ein Penthouse zu bauen, wurde nichts. Die Vernunft hat schließlich gesiegt. Aber wir konnten recht schnell ein Museum entwickeln, dass es in dieser Form noch nicht gegeben hat: Geschichte hautnah erleben – aus Epochen, die es einen teilweise schaudern lassen. Vom ersten Tag an haben wir das Projekt auf Facebook und Instagram veröffentlicht und mit unseren Followern die neuesten Entwicklungen geteilt. Um es vorwegzunehmen: Ohne speziell Facebook wären wir in Deutschland niemals in kürzester Zeit so bekannt geworden. Ohne unsere konsequente Arbeit auf Facebook und auch auf Instagram, ohne unser dortiges Ausprobieren und das Gefühl, immer sicherer zu werden, hätten wir nicht ein paar tausend Follower und einzelne Postings, die teilweise millionenfach gesehen werden. Ich kann aus tiefer Überzeugung sagen, dass unser Museum vielleicht nicht mehr bestehen würde, hätte es Facebook & Co. nicht gegeben. Communitybuilding ist das A und O in Social Media.

Es ist eine echte Wissenschaft für sich hier durchzublicken, was man postet, was besser nicht. Man muss wissen, welche Zielgruppe eher auf Instagram und eher auf Facebook unterwegs ist. Natürlich ist es auch sinnvoll dann News zu posten, wenn sich die Zielgruppen jeweils in den sozialen Netzwerken aufhalten. Einerseits ist es natürlich wichtig, möglichst sympathisch rüberzukommen und auf diesem Wege Follower einzusammeln. Noch besser ist es, wenn diese Follower oder zufällige

Besucher dann Beiträge liken. Noch viel besser ist es, wenn diese Leute dann deine Beiträge teilen. Somit ist die Wahrscheinlichkeit deutlich größer, dass der jeweilige Post von noch mehr Menschen gesehen wird, als du selbst Follower hast.

Wie bei jeder Technologie muss man sich aber auch mit diesen Netzwerken auseinandersetzen, um eine möglichst wirkungsvolle Arbeit zu machen. Der Anspruch ist es ja schließlich nicht, einfach etwas zu posten, damit etwas gepostet ist.

Einerseits verfolgen wir in Foren und einschlägigen Gruppen, was es möglicherweise für Neuerungen im jeweiligen Algorithmus gibt. Also was besonders wichtig ist, wie solch ein Posting aufgebaut sein muss. Inzwischen ist beispielsweise angesagt, mit einer Frage einzusteigen. Denn eine Frage erzeugt Interaktion und kurbelt die Maschinerie natürlich weiter an. Auch ist beispielsweise raus, dass es auf Facebook weniger sinnvoll ist, mit möglichst vielen Hashtags (#) zu arbeiten. Zwei, drei vor relevanten Keywords reichen völlig aus. Bei Instagram sieht die Sache schon wieder ganz anders aus. Hier wird vorrangig nach Hashtags gesucht. Wer also seine News nicht, schlecht oder ungenügend mit diesen Rauten versieht, wird nicht oder zumindest schlecht gefunden. Auch klar: Bei Facebook sind die Onlinedinosaurier unterwegs. Facebook ist bei der jungen Generation vollkommen out. Da die Zielgruppe des Deutschen Bunkermuseums, die die Erlebnisführungen bucht, aber in erster Linie die Elterngeneration und darüber ist, fahren wir mit diesem Kanal ausgesprochen gut. Parallel passen wir die Postings auf Instagram und den dortigen Erfordernissen an. Natürlich checken wir nach jedem Post, wie sich die Views entwickeln, wie die Zielgruppe, wie die Follower und wie die Fans reagieren. Was man unterm Strich aber immer attestieren kann ist: je schräger, je lustiger, je weiter weg vom ursprünglichen Thema, desto erfolgreicher der Post. Keinen Menschen in diesen Medien interessieren unsere neuen Vitrinen, die mit den seltensten und interessantesten Exponaten bestückt sind. Wenn aber die jüngste Besucherin, die vier Monate alte Sophie, mit ihren Eltern zu Besuch kommt und mit ihren Babyspeckbäckchen drollig unter der viel zu tief ins Gesicht gerutschten Mütze hervorguckt, dann hagelt es Likes wie am Fließband.

Diese Nachricht ist vollkommen auf andere Firmen übertragbar: Sophie besucht die Physiotherapiepraxis, die Autowerkstatt, die Rechtsanwaltskanzlei, die Bügelstube, den Gartenmarkt – immer als die jüngste Besucherin. Zusammen mit ihren Eltern natürlich. Das hat rein gar nix mit der Leistungsstärke, mit dem breiten Sortiment, mit der Qualität oder der Erfahrung der jeweiligen Belegschaft zu tun. Es ist einfach nur nett und sympathisch. Zack, es hagelt Likes und Shares.

Diese Erkenntnis ist für manche Unternehmer zutiefst frustrierend, wollen sie doch zeigen, wie toll ihre Company ist. Aber genau mit solchen Postings macht man das.

# WAS, WANN UND WIE OFT AUF SOCIAL MEDIA POSTEN?

Wie oft bekommen wir alle über diese Plattformen, über den Messenger oder über WhatsApp lustige Videos oder Bildchen zugeschickt? Es ist eine Flut, die täglich die Welt mit diesem Quatsch überrollt. ⌐Es sind nicht die neuen Elektrorasenmäher, die schicken Auspuffendrohre oder eben die neue Museumsvitrine. Nein. Es ist zu 99 Prozent Quatsch mit Soße, der da gepostet und milliardenfach geteilt wird.⌐

⌐Wenn man nun noch berücksichtigt, auf Facebook an bis zu vier Werktagen in der Woche zu posten, auf Instagram idealerweise jeden Tag und – jetzt kommt's: auf TikTok bis zu vier Mal am Tag, dann ist man schon mal auf einem guten Weg. Das Ganze auf TikTok idealerweise morgens und abends – weil da die Zielgruppe nicht in der Schule hockt. Bei Facebook und Insta sollte man sich nach den Zeiten richten, wenn die Zielgruppen dort jeweils selbst unterwegs sind. Das bekommt man raus, wenn man die Postings seiner Follower stichprobenartig nach dem Zeitpunkt der Veröffentlichung checkt.

Und weiter: Wo eher Fotos, wo eher Videos? Videos in welcher Länge und mit welcher inhaltlichen Ausrichtung? Es ist eine Wissenschaft für sich. Und dann hat man sich noch nicht um YouTube, Pinterest und sein Profil auf Google gekümmert. Das ist für die Museumsarbeit zum Beispiel genauso relevant wie Insta und Facebook. Nicht zu vergessen TripAdvisor. Und natürlich auch LinkedIn. Unser ausführliches Google-Profil ist aufgrund der Möglichkeit der Sternebewertung unheimlich wichtig für uns. Und nicht nur für uns – es ist wichtig für jedes Unternehmen. Denn je besser die Bewertung einer Firma auf Google, desto weiter oben wird sie in der Suchmaschine angezeigt. Menschen wollen schließlich bei Siegern kaufen und nicht bei Losern, die irgendwo auf Seite 15 herumdümpeln.

Solltest du noch kein Google-Profil haben: bitte gleich machen oder machen lassen (Kontaktaufnahme zu mir genügt). Und dann ist es für fast jedes Unternehmen ratsam, einen Plan auszuhecken, wie man möglichst viele Fünf-Sterne-Bewertungen einheimst. Hier kann man mit Belohnungen arbeiten, mit sympathischen Mailings, Newslettern oder Flyern. Eine möglichst astreine Google-Bewertung ist längst als zwingend notwendig zu betrachten. Aber immer noch begegnen mir täglich Firmen, die davon noch nie etwas gehört haben. Oder anders: die noch nie davon gehört haben, warum das so wichtig ist.

# SICHTBARKEIT IM WWW

Und schon sind wir bei der Suchmaschinenoptimierung (SEO, Search Engine Optimization) von Webseiten – und vernachlässigen an dieser Stelle SEM, also Search Engine Marketing. SEO geht einher mit der Auffindbarkeit im Netz. Je besser die Texte auf einer Webseite sind, je öfter dort Texte hinzukommen – und zwar gehaltvolle Texte –, desto größer die Wahrscheinlichkeit, weiter nach oben zu rutschen. Wer auf Nummer sicher gehen will, der schaltet zusätzlich Werbeanzeigen bei Google, so genannte Ads, um noch ein Stückchen weiter hochzurutschen. Die Möglichkeit von Ads bieten auch die sozialen Netzwerke. Diese bezahlten Postings sind vergleichbar mit einem Turbo unter der Motorhaube: Sie bringen mehr Leistung, der Post performt also besser. Denn wer glaubt, jeder Post wird allen seinen Followern auch brav angezeigt, der irrt. Weniger als die Hälfte sehen in der Regel das, was du von dir gibst. Es sei denn, du zahlst.

Sowohl für SEO als auch für Social Media Ads gibt es jeweils spezialisierte Dienstleister. Gerade im Social-Media-Bereich (SoMe) wird hier nach Views und im Speziellen nach Klicks abgerechnet. Meist kauft man einfachheitshalber im Voraus bestimmte Pakete. Ist die geschaltete Kampagne mit den relevanten Schlüsselworten (Keywords) vorüber, muss man selbstverständlich den Report analysieren, den die Dienstleister zur Verfügung stellen. Denn es kann tatsächlich Kampagnen geben, die weniger wirken als andere. Zum Start in diese Welt des Marketings ist also ein bisschen Herumprobieren nötig. Wer aber in guten Händen ist, der kann sich auf eine überschaubare Testphase freuen.

# BITTE LASS' DEN PROFI RAN

⌐Mir ist völlig klar, dass es jetzt Leser dieses Buches gibt, die sich denken: Ich kann ja überhaupt nichts mehr selbst machen in meinem Marketing. Im Grunde ist ja alles irgendwie gefährlich, wenn ich mich da einmische. Da muss ich leider sagen: Stimmt⌐ Besser wäre es. Denn nur, weil ich mir einen sehr stabilen und somit teuren Tapeziertisch gekauft habe, heißt das doch noch lange nicht, dass ich damit automatisch ein begnadeter Maler und Tapezierprofi bin. Lass mich noch ein bisschen – mit einem Augenzwinkern – provozieren: Nur, weil ich mir eine aktuelle Steuersoftware heruntergeladen habe (die es bis vor kurzem jedes Jahr noch als CD beim Discounter gab), bin ich doch noch lange kein Steuerfuchs, der dem Finanzamt ab sofort nichts mehr überweisen muss.

Wenn ich weiterkommen möchte, dann brauche ich in den Bereichen um mich herum Fachleute, die überall dort ihre Expertise einbringen, in denen ich eine Null bin. Und mit diesem Buch zeige ich dir auf, wie anspruchsvoll es insbesondere im Marketing ist, zunächst erst einmal auf Fachleute zu stoßen. Denn die Herde der schwarzen Schafe wird einfach nicht kleiner. Sie zieht kreuz und quer durchs Land. Denn jedes Schaf sucht sein Glück und sei es noch so schwarz.

**Die Basis deines erfolgreichen Marketings ist ein fundiertes ganzheitliches Konzept, eine Strategie, ein Fahrplan. Kleine Text- und Grafikbüros oder Internetagenturen können das nicht bieten.**

nils-brennecke.de

# KAPITEL 5

Steigleitung, trocken
für Feuerwehr

Löschwassereinspeisung

# KÜNSTLICHE INTELLIGENZ IM MITTEL- STANDS- MARKETING?

Seit geraumer Zeit werden – erwartungsgemäß – Stimmen laut, die „das Ende der überteuerten Marketingbranche" prophezeien. Denn: Jeder kann ab sofort dank AI (Artificial Intelligence) und auf deutsch KI (Künstliche Intelligenz) seine Werbetexte kinderleicht selbst schreiben. Da braucht's doch keine Werbefuzzis mehr. Die einen sagen so, die anderen sagen so.

Künstliche Intelligenz wird ja nicht erst seit gestern eingesetzt. Ohne es zu bemerken, begegnet sie uns beispielsweise in Frühwarnsystemen im Auto oder durch Post vom Onlineshop – vollkommen automatisiert verschickt aufgrund unseres Einkaufsverhaltens oder gar aufgrund unseres dort lange nicht mehr getätigten Einkaufs. In der Medizin, beim Wetterdienst – KI ist längst in unserer Welt angekommen. Die Medien sind es, die gerne mal Panik verbreiten und Technologien verteufeln. Möglicherweise aus Angst vor dem Verlust des eigenen Arbeitsplatzes. Ein hervorragender Journalist, der seine Arbeit gewissenhaft, neutral und zuverlässig erledigt, der braucht niemals Angst um seine berufliche Zukunft zu haben. Es ist wie überall. Aber zurück zum Kern: Was die Miesepeter meinen, wenn sie einmal mehr auf die Marketingbranche zielen, ist in der Regel der Chatbot ChatGPT des amerikanischen Unternehmens OpenAI. „GPT" steht für Generative Pre-trained Transformer. Die Funktion ist grundsätzlich einfach: Man gibt in eine Maske ein, zu welchem Thema man Informationen oder zum Beispiel einen Text formuliert haben möchte. Dabei ist es aber wichtig, seine Anfrage an das System hochpräzise mit Schlagworten zu formulieren, will man ein ebenso hochwertiges Ergebnis erzielen. Das Ganze funktioniert nur so gut, wie die Software zunächst gefüttert wird. Und woher bezieht die Software ihre Informationen? Natürlich aus dem Internet. Es ist eine Suchmaschine, die alle relevanten Infos zu den abgefragten Phrasen oder Wörtern in Sekundenbruchteilen abklopft und zu ganzen Sätzen zusammensetzt. Ein Riesenspaß ist es immer – vor allem dann, wenn ziemlich viel Käse dabei herauskommt. Viele nutzen ChatGPT schon als Partyspiel, in dem sie gegenseitig Texte über sich schreiben lassen – mit Schenkelklopfergarantie.

Längst sind Rechtshüter auf den Plan gekommen, die festgestellt haben, dass die Software im Grunde milliardenfache Urheberrechtsverletzungen begeht. Fakt ist: Durch den Launch von ChatGPT hat das Thema Künstliche Intelligenz in der Bevölkerung zumindest an Bekanntheit kräftig zugelegt.

# ERSETZT DIE KI DEN STRATEGISCHEN EXPERTEN?

Und natürlich: Jeder kann sich in Sekundenschnelle durch derlei Softwarelösungen Texte schreiben lassen. Aber ist damit der strategische Marketingexperte ersetzbar? Natürlich nicht. Zumindest nicht im Bereich der klassischen KMU, wenn es um die Entwicklung grundsätzlicher Kreativkonzepte mit den dazugehörigen Medien im Mittelstand geht.

Insbesondere für den Onlinehandel ist KI ein Segen. Durch Einkaufsverhalten lassen sich damit Prognosen erstellen – etwa zum nächsten anstehenden Kauf, von dem der Kunde selbst noch gar nicht weiß, dass er ihn tätigen wird. Oder aber zur möglichen Abwanderung des Kunden X.

Systeme reagieren sofort, versenden Angebote, Produktempfehlungen oder Gut-
scheine. KI ist also das Gehirn dieser im
Onlinegeschäft tätigen Unternehmen. Was
wäre etwa Amazon ohne KI?

Im Marketing wird KI übrigens nicht nur im
Textbereich eingesetzt: Schlecht aufgelös-
te Fotos oder solche, auf denen wichtige
Bereiche fehlen oder abgeschnitten sind
(Beispiel: Schultern), kann das KI-Werk-
zeug der Fotosoftware qualitativ aufbes-
sern oder gar ergänzen. Vollkommen automatisch. Einfach den Bereich definieren
und der KI sagen, was sie tun soll. Zack
– das Foto ist perfekt. Anderes Szenario:
Wird kurzfristig für eine Publikation ein
Foto benötigt, dessen Anfertigung durch
den Fotografen zu aufwendig ist, füttert
man die KI mit den relevanten Parametern:
Ein Schaf steht auf einer grünen Wiese,
darüber kreist ein Geier bei blauem Himmel
mit ein paar Wolken und der böse Wolf lugt
hinter einem Baum am Horizont hervor.

Ähnliches ist sogar im Bereich von Video-
sequenzen möglich.

# ES IST NICHT SO, WIE ES SICH ANHÖRT

Auch dort, wo Stimme eingesetzt wird, ist die Künstliche Intelligenz längst am Werkeln. Spricht beispielsweise die deutsche Sprecherin, die einen Image- oder Erklärfilm vertonen soll, eine bestimmte Fremdsprache nicht, wird die KI mit ihrer Stimme gefüttert und trainiert. Dann spricht den englischen, französischen oder dänischen Text eine vollkommen andere Person, die der jeweiligen Sprache mächtig ist. Weil die KI aber in Sachen Stimme, Stimmfarbe, Ausdruck und Betonung der deutschen Sprecherin trainiert wurde, klingt nach wenigen Mausklicks jede andere Fremdsprachenversion des Films so, als hätte alles dieselbe Sprecherin gesprochen. Das ist auch im Bereich von Telefonansagen und Radiowerbung ein Thema: Unternehmen, die gerne auf ihre eigene und typische Stimme setzen (Beispiel: Lidl), können auf diese Art komplett international auftreten – immer mit derselben Stimme in jeder nur erdenklichen Sprache. Und das, obwohl die deutsche Stimme womöglich lediglich ihre Muttersprache spricht. Denkbar sind in der Folge dessen, dass neue Filme mit der jeweiligen und bekannten Synchronstimme vertont werden können, obwohl der Synchronsprecher längst verstorben ist.

Erfreuen wir uns also alle an spontan möglichen Texten, Fotos und Filmen, die durch Programme à la ChatGPT und andere KI-Anwendungen grundsätzlich möglich sind. Was ich an dieser Stelle versichern kann: In diesem Buch ist alles echt: Der Text stammt von mir, die Interviews habe ich mit meinen freundlichen Gesprächspartnern geführt und ich sehe tatsächlich so aus, wie ich auf den Fotos aussehe. Vielleicht hätte ich die KI ja ein wenig in Sachen Modelaufhübschung für meine Fotos arbeiten lassen sollen... Aber ich mag es nun mal authentisch und bodenständig. Ehrlich währt am längsten. Im Mittelstand sowieso.

# HALLO MITTELSTAND!

Auf meiner Webseite erfährst du alles zur exklusiven Mittelstandsberatung für kleine und mittlere Unternehmen. Ich zeige dir, wie du mit meinem individuell für dein Unternehmen entwickelten Marketingkonzept mit 360-Grad-Rundumblick endlich im Markt sichtbar wirst.
35 Jahre Erfahrung im Marketing und selbst Gründer eines KMU mit über 20 Mitarbeitern weiß ich, worauf es ankommt, was wirkt und was nicht. Klare Sprache, kein Blabla, bodenständig und auf Augenhöhe.

> Sichere dir als Buchkunde jetzt **eines von nur 100 möglichen VIP-Marketingkonzepten** pro Jahr.

Ab sofort hast du mit mir nur noch einen Ansprechpartner für deine komplette Außendarstellung, Kommunikation, dein Marketing und deine Vertriebsunterstützung. Es bleiben keine Fragen offen.
Aus dem „notwendigen Übel" Marketing entwickle ich deinen Vertriebsmotor für mehr Erfolg!

Gehe jetzt auf **www.nils-brennecke.de** oder scanne den QR-Code und sichere dir die unverzichtbare Grundlage für den Aufbau eines wirkungsvollen Marketings: mit einem VIP-Marketingkonzept von Nils Brennecke – dem Mittelstandberater.

# KAPITEL 6

# NEUE WEGE GEHEN: MARKETING-CHANCE NFT

⌐Ich bin der Ansicht, dass die Schnellen die Langsamen fressen und nicht die Großen die Kleinen.⌐Nur weil ein großer Limonadenkonzern die Welt mit seinen Produkten flutet, heißt das noch lange nicht, dass das regionale Limo-Start-up vor sich hindümpeln und darben muss. Es kann, wenn es Gas gibt und agil ist, im Verhältnis (!) den Giganten einholen. ⌐Um also im Wettbewerb zu bestehen, optimalerweise hervorzustechen und Marktführer zu sein, muss man im Marketing natürlich auffallen. Neues zu finden, das ein Unternehmen, ein Produkt, eine Dienstleistung auf ein breites Interesse stoßen lässt, ist etwa so anspruchsvoll, wie die Suche nach der berühmten Nadel im Heuhaufen.⌐

Es gibt seit noch gar nicht so langer Zeit einen Bereich, der für Werbungtreibende das berühmte gefundene Fressen ist. Die Rede ist von NFT, Non Fungible Token. Werfen wir also ein Auge auf die Blockchain-Technologie, auf das Web3 und Möglichkeiten, an die bis vor kurzem noch niemand auch nur im Entferntesten gedacht hätte.

Ein 24 x 24 Pixel „großes" Bildchen, das einen Punker zeigt – verkauft für 23,7 Millionen US-Dollar. Wo gibt's denn sowas? Das gibt's im Krypto-Space, genauer gesagt im NFT-Space.

NFTs sind nicht veränderbare oder austauschbare Token. Ein NFT ist somit ein Eigentumszertifikat auf der Blockchain. Vor allem die Ethereum Blockchain ist populär für diese Technologie. Hier hat vor allem 2021 etwas stattgefunden, was einen noch nie dagewesenen Hype ausgelöst hat: Kryptokunst. Besagter Punker ist einer von 10.000 generativ erzeugten Punkerbildchen eines Kunstprojekts. Genauer gesagt eines

Profile-Picture-Projekts (PFP). Die CryptoPunks, die bereits 2018 kreiert wurden, jedoch erst 2021 an Fahrt gewannen, gelten als Urvaterprojekt aller nachgefolgten PFP-Projekte und sind somit ein „OG"-Projekt, wie die Insider sagen (Original Gangster).

**Lass' die anderen reden. Denn wenn sie über dich reden, dann bist du im Gespräch. Gratulation, wenn sie es aus Neid tun!**

# AFFEN UND PUNKS FÜR VIELE MILLIONEN DOLLAR

Die Herausgeber eines Projekts erzeugen ein oder mehrere Charaktere (Gesichter) bei männlichen und weiblichen Figuren, die mit unzähligen Accessoires, Frisuren, Bärten und Klamotten automatisch generiert werden, sodass am Ende beispielsweise 10.000 verschiedene Bildchen entstehen. Die Besonderheit: Viele dieser PFP-Projekte verfügen über einige sehr seltene Köpfe oder Charaktere, die somit besonders wertvoll sind. Gerne werden beispielsweise Alien-Versionen innerhalb solcher Projekte in nur sehr kleinen Stückzahlen generiert. Diese sind dann besonders teuer.

Die wenigen tausend Menschen, die vor oder im Jahr 2021 mit der NFT-Technologie und dem dazugehörigen Space vertraut

waren, sammelten und kauften zusammen, was sie nur kriegen konnten. Läppische Punker oder gelangweilt dreinschauende Affen ("Bored
Apes"), die entweder gar nichts oder lediglich eine Handvoll Dollar gekostet haben, waren am nächsten Tag zig Millionen wert.

Die NFT-Technologie ist durch die inzwischen unzähligen Kunstprojekte
mit ihren aberwitzigen Preissteigerungen, medienwirksamen Sothe-
by's- oder Christie's-Versteigerungen sowie prominenten Museums-
zukäufen populär geworden. Längst sind Unternehmen rund um den
Globus in diesen Markt eingestiegen, um ihre Kundschaft mit immer
neuen Ideen und Angeboten bei Laune zu halten. Prominente aus Sport,
Wirtschaft und Entertainment outen sich als NFT-Holder: Paris Hilton,
Justin Bieber, Snoop Dogg, Madonna oder Mark Cuban sind nur einige wenige Beispiele. Fakt ist: Wer Eigentümer eines solchen digitalen
Werkes ist, kann dies zu 100 Prozent nachweisen – durch den Eintrag
auf der Blockchain.

Die Technik dahinter ist nachvollziehbar: So genannte Smart Contracts
legen die Bedingungen fest, unter denen ein Vertrag auf der Blockchain
zustande kommt ("wenn, dann"). Ein mühsames und möglicherweise
mehrmaliges Hin- und Hersenden von Dokumenten mit Unterschriften
und Überprüfungen entfällt. Über den Smart Contract ist geregelt, wann
alle Auflagen erfüllt sind. Hier sind keine zentralen Instanzen mehr nötig. Längst gehen und gingen allerdings nicht alle dieser Kunstprojekte
dermaßen durch die Decke wie die Punks, Bored Apes & Co. Die meisten
NFT-Kunstprojekte verkümmern auf der Blockchain, weil – wie so oft
im richtigen Leben – das Verständnis für Marketing oder am Ende das

nötige Kleingeld dafür fehlt. Denn auch hier gilt: Trommeln gehört zum Geschäft. Und wer kein Trommler ist, der macht auch kein Geschäft. Alfa Romeo war der erste Autohersteller, der die NFT-Technologie in ein Fahrzeug integriert hat: Kilometerstand und Serviceintervalle sind darin dokumentiert – unveränderbar und auf der Blockchain festgehalten. Insider gehen davon aus, dass beispielsweise Grundbuchämter langfristig obsolet sind, da die Eigentumsverhältnisse eines Grundstücks selbstverständlich per NFT-Technologie sofort auf der Blockchain einsehbar sind.

Populär ist die Technik schon in der Veranstaltungsbranche: Um den Schwarzmarkt bei Eintrittskarten einzudämmen, hinterlegen immer mehr Veranstalter bei Sport- und Konzertereignissen die Tickets auf der Blockchain. Nur der rechtmäßige Käufer bekommt somit Zutritt.

# BEREIT FÜR
# DAS METAVERSE?

Ach ja: Und da ist noch die Sache mit dem Metaverse. Die Idee: Eine Parallelwelt im Web3, also auch basierend auf der Blockchain-Technologie. Entstanden durch Computerspiele, wo weltweit Menschen synchron in beinahe fotorealistisch gestalteten Welten mit- und gegeneinander spielen. Dass in dieser Internetparallelwelt, in der unsere Welt durchaus 1:1 nachgebaut und sämtliche Grundstücke und Gebäude darin verkauft werden sollen, ein schier unermessliches Potenzial liegt, sieht nicht zuletzt Mark Zuckerberg, Gründer von Facebook. Er benannte seinen Konzern im Oktober 2021 in „Meta" um und schuf unter dieser Dachmarke seinen breit aufgestellten Multimediakonzern, zu dem auch Instagram und WhatsApp zählen.

Aber wie zu den Zeiten von VHS, Betamax und Video2000 will sich aktuell niemand auf DAS eine Metaversum einigen. Viele Köche köcheln derzeit ihr kryptisches Süppchen: Neben der sehr bekannten „Sandbox"-Parallelwelt hat 2022 Yuga Labs, das Unternehmen hinter den „Bored Ape"-NFTs („Bored Ape Yacht Club, BAYC") angefangen, im eigenen Metaversum Grundstücke zu verkaufen. „Otherside" haben sie es genannt. Und im „Otherside" gab und gibt es „Otherdeeds" zu kaufen. Der Hype war dermaßen gigantisch, dass die Server von Yuga Labs beim

„Mint", also beim Erzeugen der digitalen Grundstücke auf der Block-chain, zusammenbrachen. Inzwischen hat sich dadurch eine Armada an „Immobilienmaklern" gebildet, die „Otherdeeds" im „Otherside" ver-hökert – und dabei Millionen generiert. Zu kaufen sind die Grundstücke im Zweitmarkt, also im „Secondary", etwa auf der darauf spezialisier-ten Plattform opensea.io. Hier kosteten Teile des „Otherside" (im März 2023) knapp unter 2 ETH, was zu dieser Zeit rund 3.000 US-Dollar ent-sprach.

⌐Als sei unsere reale Welt nicht schon verrückt genug – mit der Eröff-nung der Metaverses hat sie an Verrücktheit zugenommen⌐ Wobei diese Verrücktheit nicht unbedingt schlecht sein muss. Schließlich dreht sich alles in einer freien Marktwirtschaft um Angebot und Nachfrage. Und die Nachfrage nach derlei Krypto-Immobilien war noch Ende 2022, da herrschte längst der Bärenmarkt, kaum zu stillen. Die großen Consu-mergiganten rüsten sich alle fürs Metaverse. Sie wollen mitspielen im gigantischen Paralleluniversum, wollen präsent sein, ihre Marken posi-tionieren.

**KMU haben die große Chance gesehen zu werden und Fans zu sammeln, wenn sie offen für völlig neue Themen sind.**

Klaus Staudinger, Inhaber von
Staudinger Gartengestaltung – Rollrasen –
Brennholz, Ismaning bei München

# NFT-PROJEKTE FÜR DEN MITTELSTAND

Aber nicht nur die Großen, die Global Player, die Konzerne launchen NFT-Projekte. Die Technologie und vor allem das damit entwickelbare Kommunikationspotenzial ist bei einigen Unternehmen im Mittelstand bereits sehr wohl zur Kenntnis genommen worden. Selbst kleine Unternehmen entwickeln längst NFT-Projekte, die ihnen damit eine Alleinstellung sichern. Ein Beispiel, wie ein kleines Unternehmen mit gerade mal acht Mitarbeitern ein eigenes NFT-Projekt realisiert hat, ist Staudinger Garten- und Landschaftsbau in München. Es ist zweifelsohne eines der hierzulande skurrilsten und witzigsten NFT-Projekte bisher: der Genesis Forest Token (GFT). Die Geschichte dahinter ist schnell erzählt: Klaus Staudinger tauschte sich im Herbst 2022 mit einem auf NFT-Projekte spezialisierten Profi über sein boomendes Brennholzbusiness aus. Er erzählte dem

Krypto-Experten, dass der Preis für den Brennstoff gerade völlig durch die Decke ginge. Die meisten Kollegen seien längst ausverkauft. Wahnsinn! Die Leute hatten Angst, überhaupt gar kein Brennholz mehr zu bekommen und zahlten nahezu jeden Preis. Daraus wurde folgende Idee entwickelt:

Wieso nicht das so gefragte Brennholz auf die Blockchain bringen und damit jedem Holder per Token mehrere Ster (Raummeter) Buchenholz fix zusichern, wenn in Deutschland die Heizungen ausgehen? Immerhin hatte seinerzeit Putin den Gashahn zugedreht und in Deutschland ging die Angst vor einem Winter ohne Heizung um. Gesagt, getan. Das Staudinger-Brennholz wurde kurzerhand ins Web3 bugsiert.

Und so hat das funktioniert: Jeder konnte den Genesis Forest Token minten. Wäre nirgendwo mehr Brennholz verfügbar gewesen und Deutschland hätte vor Kälte gezittert, hätte jeder Token-Holder seinen GFT auf der Blockchain burnen, also vernichten, und gegen echtes Holz vor der Hütt'n eintauschen können. Frei Haus geliefert innerhalb Deutschlands und Österreichs. Irre! Wenn also niemand mehr Holz gehabt hätte, wäre den NFT-Holdern ihr Brennholz von Staudinger so sicher wie das Amen in der Kirche gewesen. Der Clou: Wie bei derlei Projekten üblich gab's für die NFT-Holder witzige Utilities – beispielsweise eine Einladung zur Staudinger Weihnachtsfeier auf seinem Firmengelände bei München, eine abgefahrene Reise und allerlei anderen Spaß. Wer seinen Holz-Token nicht burnen wollte, der konnte weiterhin auf witzige Aufmerksamkeiten (Rarities) zählen. Würde die eigene Bude allerdings doch kalt werden und Brennholz müsste her, konnte der Token geburnt, also vernichtet werden. Im selben Moment hätte man dafür drei Wood-Token erhalten. Und für jeden dieser Wood-Token gab's einen Ster ofenfertiges Buchenholz nach Hause. Garantiert. Immer. Natürlich kann auch jeder jederzeit seine Brennholz-Token weiterverkaufen. Dann gibt's halt Kohle statt Holz vor der Hütt'n.

Eine sagenhafte Idee genau zur richtigen Zeit. Nur wenige Wochen nach dem Projektstart waren schon über 100.000 Euro durch den Tokenverkauf eingenommen.

PR-mäßig wurde dieses völlig verrückte, aber hochsympathische Projekt nicht großartig ausgeschlachtet. Keine Zeit, völliger Brennholzwahnsinn zu dieser Zeit. Hätte Klaus Staudinger aber parallel eine gezielte Pressearbeit organisiert, dann wäre er nicht nur in den Regionalmedien als der Holzkönig von München gefeiert worden. Der Wert solch einer Gratisberichterstattung wird landläufig leider auch komplett unterschätzt. Was in der Zeitung steht, ist für viele Menschen noch immer von großer Wertigkeit. Abgesehen von Radio und Fernsehen. Insofern rate ich meistens zu einer aktiven Pressearbeit. Egal, wie groß das Unternehmen ist. ⌐Wenn es ein Thema gibt, das die Menschen interessiert, dann werden es die Medien veröffentlichen.⌐

# KAPITEL 7

# DIE BLOCKCHAIN VERSTEHEN

Nachdem ich bisher allerdings schon so einiges von der Blockchain-Technologie mit ihren schier unendlichen Möglichkeiten erzählt habe, schauen wir doch kurz, was es mit dieser Technologie konkret auf sich hat: Die Blockchain (deutsch „Blockkette") ist das digitale Journal, in dem alle Krypto-Transaktionen verzeichnet werden. Sie besteht aus einer Reihe von Datenblöcken, in denen jeweils eine oder mehrere Transaktionen zusammengefasst und mit einer Prüfsumme versehen sind. Neue Blöcke werden in einem rechenintensiven Prozess erschaffen („Mining") und anschließend über das Netzwerk an die Teilnehmer verbreitet. Man kann sich eine Blockchain auch als digitales und öffentlich einsehbares Kassenbuch vorstellen. Dies wurde vom Tech-Experten Jamie Skella so beschrieben: „Jede Seite eines Kassenbuchs ist ein Block. Sobald zwischen einem Absender und einem Empfänger eine Datentransaktion stattfindet, wird in das Kassenbuch eine neue Position eingetragen. Nehmen wir an, dass das Errechnen eines Blocks (Kassenbuchseite) etwa zehn Minuten dauert, dann wird dieser Block geschlossen und alle Daten sind darin gespeichert. Man kann in einem Block nichts mehr löschen oder verändern, wie in einem analogen Kassenbuch. Über einen Block wird, bildlich gesprochen, der nächste Block gelegt, das Kassenbuch quasi auf die nächste Seite umgeblättert (gespeichert in KRYPTO-grafischen Rätseln) – alle zehn Minuten ein neuer Block. Da weltweit damit gearbeitet wird, sind alle Informationen dezentral. Es gibt keine zentralen Server, wie bei Banken und man kann alles lückenlos nachvollziehen."

Transaktionen gelten über eine Blockchain so gut wie fälschungssicher. Skella beschreibt es so: „Wenn John seiner Freundin Sue Geld geben möchte, wird eine neue Position erstellt. Das hat zur Folge, dass weltweit auf tausenden von Computern überprüft wird, ob das autorisiert und legitim ist. Erst wenn alle nötigen Schritte abgehakt sind, findet die Transaktion statt. Es ist, als hätten John und Sue ein paar tausend Kumpels um sich herumstehen, die dabei zusehen, wie John Sue das Geld gibt. Dabei sind sich alle einig, dass er ihr das Geld wirklich gegeben hat und alle ausgehandelten Fakten dazu korrekt waren."

Die verschiedenen Blockchains bieten sich allerdings nicht ausschließlich für Währungstransaktionen an. Die zuvor beschriebene NFT-Technologie, die weltweit immer populärer wird, basiert auch auf der Blockchain. Welche Blockchain sich für welche Anwendung konkret eignet, würde den Rahmen an dieser Stelle sprengen – erst recht ein Ausflug in die Welt der Kryptowährungen.

Dieser kleine Flug übers das Web3 war lediglich ein Orientierungsflug. Tiefer in diese Materie einzutauchen, würde uns vom Kurs bringen. Fakt ist und bleibt: Das Krypto-Business ist hochgradig spannend. Jeder, der sich überlegt einzusteigen, muss sich bewusst sein, dass es dabei stets um ein Hochrisikoinvestment geht. Es sind gigantische Gewinne möglich. Aber auch das Gegenteil. El Salvador hat seit September 2021 Bitcoin zum offiziellen Zahlungsmittel erkoren. Immer mehr Banken beantragen eine Lizenz für das Geschäft mit Digitalwährungen, wie zum Beispiel die Sparkassen, Volksbanken und Fido. Für Insider widersinnig, liegt der Sinn der Blockchain ja in der Dezentralität.

In jedem Fall ist Unternehmen im Rahmen ihrer Marketingstrategie zu raten, sich mit dieser Technologie intensiv zu beschäftigen und zu prüfen, inwieweit eigene Projekte realisierbar sind – ob zur Kundenbindung, zum Kundenservice oder schlichtweg als witziges PR-Projekt, das Schlagzeilen liefert. Ideal wäre natürlich diese Reihenfolge.

**Ich biete dir den 360-Grad-Rundumblick – auf Augenhöhe, als Mittelständler, als Marketing- und Vertriebsprofi. In jeder Branche.**

# KAPITEL 8

# DIE ARBEITGEBER-MARKE

Ich kann mich noch gut an die Aussage eines Kunden von vor ein paar Jahren erinnern. Der Inhaber eines regional führenden Sanitär-Heizung-Klima-Betriebs mit 25 Angestellten sagte zu mir, er würde jedem seiner Mitarbeiter eine Abmahnung in Aussicht stellen, würden sie weiterhin Aufträge anschleppen. Was das Unternehmen vielmehr bräuchte, seien zusätzliche Mitarbeiter und keine neuen Aufträge. Die Auftragslage sei so enorm, er käme gar nicht mehr hinterher.

Natürlich hat er das mit einem Augenzwinkern gesagt, jedoch war die Botschaft klar: Es mangelt an fähigen Mitarbeitern, die der Auftragslage Herr werden. Der allseits bekannte Fachkräftemangel – übrigens: dieses Wort wurde schon 2015 zum „Unwort des Jahres" gekürt – hat vor keinem Unternehmen Halt gemacht. Noch einmal deutlicher wurde dies nach dem Ende der Corona-Pandemie. Man konnte meinen, es gäbe kaum mehr Arbeitskräfte. Aufgrund der wirtschaftlichen und demografischen Situation sowie der allgemeinen weltpolitischen Lage wird sich das Blatt allerdings ebenso drastisch wieder wenden. Die schlechte Auftragslage wird dann das vorherrschende Thema sein. Statt „Mitarbeiter gesucht"-Aufklebern auf den Handwerkerfahrzeugen wird dann womöglich „Wir haben Kapazitäten frei" auf den Autos kleben.

Auf dem Bau ist diese Situation ja längst schon angekommen. Jungen Familien ohne nennenswertes Eigenkapital ist es seit den Zinserhöhungen gar nicht mehr möglich ein Haus zu bauen. Ohne Eigenkapital kein Darlehen. Ganz zu schweigen von den Preissteigerungen im Baugewerbe.

Was wurde nicht alles unternommen, um es der eigenen Belegschaft im Unternehmen so angenehm wie möglich zu machen? Getränke gratis, der berühmte Obstkorb sowieso, das Dienstradleasing, der Fitnesscenter-Zuschuss, die Benefit-Angebote im Internet, eine flexible Arbeitszeiteinteilung bis hin zur Viertagewoche – es gab und gibt alles, was man sich nur vorstellen kann. Das vorrangige Interesse der Unternehmen: Die Verhinderung von Know-how-Abwanderung. Nichts ist schlimmer für ein Unternehmen, wenn die jahrelang besetzte Schlüsselposition plötzlich das Unternehmen verlässt. Da ist es längst egal, wohin die Person entschwunden ist. In der heutigen Zeit sind vor allem erfahrene Mitarbeiter und Mitarbeiterinnen für ein Unternehmen das wertvollste Gut.

# ERFOLGREICHES MARKETING FÜR DICH ALS ARBEITGEBER

Wer das frühzeitig erkannt hat, der hat sein Marketing verstärkt auf das sogenannte Employer Branding umgestellt. Sich also hauptsächlich als Arbeitgebermarke positioniert. Vor allem in den unterschiedlichen Social-Media-Kanälen wird nach wie vor branchenübergreifend die Personaltrommel gerührt. Firmenfeste, Physiotherapie-Angebote, Bürohunde, Business-Lunch, Spaß am Arbeitsplatz – das Wir-sind-eine-coole-Truppe-Image steht seit Jahren im Fokus der gesamten Kommunikation. Vom Logistiker bis hin zum Drei-Mann-Handwerker präsentieren sich Firmen Land auf,

Land ab als obercoole Arbeitgeber. Xing und vor allem LinkedIn legen seither kräftig zu, Firmen polieren täglich an ihren Profilen – und jagen sich darüber gegenseitig die Mitarbeiter ab. Der Stärkere überlebt.

Aber sind wir doch mal ehrlich: Will man nicht sein Badezimmer von der Firma saniert bekommen, die so cool ist und regelmäßig zum gemeinsamen Klettern geht? Will man nicht von einer Truppe betreut werden, die ein gigantisches Image am Ort hat? Findet man den Spediteur nicht mega sympathisch, der neben dem Dienstrad auch jedem seiner Mitarbeiter einen Fitnessclub-Gutschein schenkt – Fotos vom Gewichtestemmen auf Instagram inklusive? Die Firmen, die sich als attraktiver Arbeitgeber darstellen und deutlich mehr anbieten als den obligatorischen Tankgutschein, denen fliegen Aufträge sowieso eher zu als den Unternehmen, die sich vorrangig in Zurückhaltung üben und in Schweigen hüllen. ⌈Tue Gutes und rede darüber – hau' es in Social Media raus!⌋

# DER MITTELSTAND IM GESPRÄCH

## THOMAS LURZ,
## PERSONALCHEF DER S.OLIVER GROUP
## UND ERFOLGREICHSTER
## LANGSTRECKENSCHWIMMER
## ALLER ZEITEN

In Zeiten, in denen manche Firmen ihr Marketing ausschließlich auf die Mitarbeitergewinnung ausrichten, sich also als Arbeitgebermarke positionieren, wird es auch für die Marketingbranche anspruchsvoller! Ein Umdenken muss her. Weg vom Produkt, hin zum Personal. Wurde gestern noch für dieses oder jenes Handwerk, für dies oder das Produkt geworben, geht es nun um Work-Life-Balance, Obstkörbe und die gesunde Pause. Employer Branding heißt das Zauberwort – Personalmarketing. Weitergedacht gehen die Unternehmen davon aus, dass Produkte und Leistungen von einer Company, die sich als kuscheliger, hipper und super-angesagter Arbeitgeber präsentiert, sowieso ausgezeichnet sein müssen.

Wie schon zuvor festgestellt: Der Begriff Fachkräftemangel wurde bereits zum Unwort des Jahres gekürt. Seit rund zehn Jahren brennt den Firmenchefs und Personalern der personelle Kittel. Erst recht seit Corona. Heerscharen von Arbeitnehmern scheinen sich in Luft aufgelöst zu haben. Extrem gebeutelt: die Gastronomie.

Dazu kommt: Mit dem stetigen Rückgang der Konjunktur zeichnet sich am Horizont ein großflächiger Auftragsrückgang ab – in jeder Branche. Inflation, steigende Zinsen, insbesondere bei der Baufinanzierung – es trifft alle und jeden. Am Bau ist längst vielerorts tote Hose, renommierte Bauträger gehen pleite, die großen Wohnungsgesellschaften haben sämtliche Sanierungen auf Eis gelegt. Gute Handwerker sind zu allem Übel noch immer Mangelware. Es ziehen düstere Wolken auf. Aber solange der Dampfer noch durch die See stampft, spielt die Kapelle munter weiter. Tschingderassabum – auf in die Human-Ressources-Schlacht!

Die Branche der Headhunter, Personalberater und Personal-Coaches boomt. In Social Media poppen die Werbeclips der HR-Dienstleister auf wie am Fließband. Eine ganze Industrie hat sich auf den Personalmangel der Firmen eingestellt und Lösungen im Angebot: Vom Consulting bis zur Physiotherapie-Anwendung im ehemaligen Besprechungsraum. In vielen Bürogängen riecht es seit geraumer Zeit weniger nach Kopierer, Drucker und Kaffee – Massageöl ist der neue Office-Muff. Selbst die härtesten Firmenpatriarchen haben es längst erkannt: Die Leine muss länger werden, um möglichst keinen aus der Mannschaft zu verlieren. Längst gibt es keine Beschwerde- oder Streitkultur mehr. Die Kündigung, bestenfalls ein paar Wochen „Krankmachen", sind die Quittung für rigide Chefs oder nervige Kollegen. Tschüssikowski statt geht's noch!?

Eine Vielzahl an Unternehmen zeigt auch längst schon eifrig nach außen, dass sie den Begriff Human Resources abgelegt haben. Die „Ressource Mensch" klingt nicht mehr zeitgemäß. Corporate Culture ist das neue Human Resources. Die Werte eines Unternehmens sind plötzlich im Vorstellungsgespräch ganz vorne auf der Agenda. Gendersprache hält Einzug. Neuester Schrei: Inklusive Sprache.

Selbst im Handwerk, wo in diversen Branchen ein eher deutlicher als kuscheliger Umgangston herrscht, sind die Mitarbeiter voll auf dem Work-Life-Balance-Trip: Die Viertagewoche ist längst gängige Praxis. Weniger ist mehr. In einer Studie vom Sommer 2023 kam heraus, dass es vor allem die Deutschen sind, die in Europa am wenigsten arbeiten. Der Sechs-Stunden-Tag ist heiß diskutiert. Absolute Brechreizstimmung für Arbeitgeber – das sagt nur niemand laut. Zu groß die Gefahr eines Shitstorms in einer Zeit, in denen sich No-Future-Menschen auf Straßen kleben, von Autobahnbrücken abseilen oder Museen mit Tomatensoße und Farbe verwüsten.

Einer, der sich mit all diesen Themen täglich beschäftigt, ist Thomas Lurz (Jahrgang 1979). Er ist mit zwölf WM-Titeln der erfolgreichste Open-Water-Schwimmer der Welt. Neben der Silbermedaille bei den Olympischen Spielen 2012 ist er zweifacher Träger des Silbernen Lorbeerblattes des Bundespräsidenten. Als HR-Director & Corporate Strategy der S.OLIVER GROUP trägt Thomas Lurz Personalverantwortung für rund 5.000 Mitarbeiter. Das Bekleidungsunternehmen aus der Nähe von Würzburg erwirtschaftete im Jahr 2021 rund 914 Millionen Euro Umsatz (2007 wurde erstmals über eine Milliarde Umsatz erwirtschaftet).

Mit Thomas Lurz habe ich über die Herausforderung der Personalfindung und die noch größere Herausforderung, nämlich den Personalbestand bei Laune zu halten, gesprochen.

Thomas Lurz ist studierter Diplom-Sozialpädagoge und Präsident des Würzburger Schwimmvereins SV Würzburg 05, einem der größten Schwimmvereine Europas. Seit dem Karriereende als Profisportler arbeitet er für die in Rottendorf bei Würzburg ansässige S.OLIVER GROUP als Personalchef. Thomas Lurz ist Keynotespeaker und Buchautor. Seine sportlichen Erfolge sind einzigartig (Auszug):

**2015** Bayerische Verfassungsmedaille

**2014** Freiwasserathlet des Jahres

**2013** Weltschwimmer des Jahres – Open Water (FINA)

**2013** Freiwasserschwimmer des Jahres (LEN)

**2013** Europaschwimmer des Jahres – Open Water (LEN)

**2011** Weltschwimmer des Jahres – Open Water (FINA)

**2011** Europaschwimmer des Jahres – Open Water (LEN)

**2009** Europas Langstreckenschwimmer des Jahres (LEN)

**2009** Weltschwimmer des Jahres – Open Water (Swimming World Magazine)

**2009** Freiwasserschwimmer des Jahrzehnts

**2008** Träger Silbernes Lorbeerblatt des Bundespräsidenten

**2008** DSV-Schwimmer des Jahres

**2007** Europas Langstreckenschwimmer des Jahres (LEN)

**2006** Weltschwimmer des Jahres – Open Water (Swimming World Magazine)

**2005** Weltschwimmer des Jahres – Open Water (Swimming World Magazine)

**2004** Weltschwimmer des Jahres – Open Water (Swimming World Magazine)

**Nils Brennecke: In den Unternehmen der S.OLIVER GROUP sind rund 5.000 Menschen beschäftigt. Was tun Sie, um die Mannschaft jeden Tag bei Laune zu halten?**

Thomas Lurz: Unsere Beschäftigten sind die Grundlage unseres Unternehmenserfolgs. Mit viel Leidenschaft, hohem persönlichen Einsatz und Verantwortungsbewusstsein, neuen Ideen und Hands-on-Mentalität wachsen sie jeden Tag aufs Neue über sich hinaus und gestalten ihre und unsere Zukunft. Als Arbeitgeber versuchen wir dabei bestmöglich zu unterstützen: Unsere drei Unternehmenswerte Verantwortung, Stärke und Vertrauen bilden die Grundlage für unsere Zusammenarbeit als Team und eine Arbeitskultur, in der sich jeder wohlfühlen und das Beste aus seinem Potenzial herausholen kann. Durch die Erfolgsstory der S.OLIVER GROUP und mit dem, was wir heute und morgen tun, können wir gemeinsam deine berufliche und persönliche Zukunft fördern und gestalten.

**Ist der Fachkräftemangel noch ein ernsthaftes Thema oder sehen Sie am Horizont eine Verbesserung der Situation?**

Der Fachkräftemangel bleibt eine Herausforderung, der wir uns tagtäglich stellen. Wir arbeiten jedoch kontinuierlich daran, attraktive Arbeitsbedingungen zu bieten, um qualifizierte Fachkräfte anzuziehen und an uns zu binden. Langfristig hoffen wir auf eine Verbesserung der Situation durch gezielte Ausbildung und Qualifizierung.

**Wie hat sich in einem so großen Unternehmen wie bei s.Oliver das Employer-Branding in den vergangenen zehn Jahren verändert? Sind die Texte der Stellenausschreibungen komplett anders? Was sind heute die wichtigen Schlagworte?**

Das Employer-Branding hat sich stark gewandelt. Während vor zehn Jahren oft traditionelle Karriereaspekte im Vordergrund standen, betonen wir heute vermehrt Flexibilität, Work-Life-Balance und Entwicklungsmöglichkeiten. Die Stellenausschreibungen sind heute authentischer und betonen die Unternehmenskultur sowie die vielfältigen Chancen bei S.Oliver. So haben wir beispielsweise bereits vor vier Jahren unsere gesamte Bewerberkommunikation auf „Du" umgestellt.

**Wie haben sich die Vorstellungsgespräche im Lauf der vergangenen Jahre verändert?**

Auch in Bezug auf Vorstellungsgespräche gab es einen Shift: Ein Interview ist immer ein beidseitiges Kennenlernen. Wir legen daher Wert auf offene und transparente Gespräche auf Augenhöhe. Uns ist es wichtig, die Person hinter dem CV kennenzulernen. Gleichzeitig möchten wir Kandidaten einen realistischen Einblick zur Aufgabe und den Gegebenheiten geben, parallel sollten sie aber auch das Unternehmen näher kennenlernen.

**Kann man sagen, dass Sie als Arbeitgeber seit geraumer Zeit der Bewerber sind – der Bewerber ums Personal?**

Der Wettbewerb um Talente ist intensiv. Wir möchten nicht nur qualifizierte Mitarbeiter gewinnen, sondern auch als attraktiver Arbeitgeber wahrgenommen werden. Daher stellen wir die individuellen Bedürfnisse der Bewerber in den Mittelpunkt und präsentieren, was s.Oliver als Arbeitgeber auszeichnet.

**Waren die Fokusthemen der Personalentwicklung vor zehn Jahren noch die Koordination von Weiterbildungsmaßnahmen und die Organisation des Besuchs im Klettergarten als Teambuilding-Event, sind inzwischen andere Themen in den Fokus gerückt. Bitte zählen Sie doch einmal auf, welche Einzelmaßnahmen Sie heute bieten müssen, um von Bewerbern als Arbeitgeber überhaupt in Erwägung gezogen zu werden.**

Weiterbildung und Entwicklungsprogramme sind weiterhin zentraler Bestandteil. Neben Weiterbildung und Team-Events legen wir heute verstärkt Wert auf Gesundheitsförderung. Daher haben wir nicht nur einen Beauftragten für betriebliches Gesundheitsmanagement, sondern ein eigenes Fitnessstudio, in dem auch Kurse angeboten werden.

**Welche Angebote hat sich Ihre Abteilung speziell für die Beschäftigten der S.OLIVER GROUP ausgedacht?**

Wir bieten diverse Weiterbildungsmöglichkeiten, Karrierepfade und Mentorings an. Zudem haben wir flexible Arbeitszeitmodelle, Homeoffice-Optionen und betriebliche Gesundheitsförderung. Auch soziale Aktivitäten und CSR-Projekte liegen uns am Herzen.

**Stichwort Workation: Welche besonderen Modelle akzeptieren Sie, wenn Sie den Bewerber oder die Bewerberin unbedingt einstellen wollen? Wo liegt Ihre Schmerzgrenze, bei welcher Forderung steigen Sie aus? Was ist Ihnen schon Kurioses untergekommen?**

Wir sind offen für Vereinbarungen, aber sie müssen zur Position und den Unternehmenszielen passen. Die Schmerzgrenze liegt dort, wo die Balance zwischen individuellen Bedürfnissen und den Anforderungen der Position nicht mehr gegeben ist. Kuriose Forderungen gab es immer mal wieder, etwa außergewöhnliche Homeoffice-Ausstattungen oder unübliche Arbeitszeitregelungen.

**Anstatt ums Schaffen, damit man sich nach einer gewissen Zeit etwas Tolles leisten kann, geht es vielen jungen Arbeitnehmern um möglichst viel „Chillen". Was ist Ihre Erklärung dafür, dass es für die jungen Menschen inzwischen hauptsächlich um Work-Life-Balance und weniger um möglichst viele „geschruppte" Stunden geht?**
Die Wertvorstellungen junger Arbeitnehmer haben sich gewandelt. Work-Life-Balance, Sinnhaftigkeit in der Arbeit und persönliche Entwicklung sind wichtiger geworden.

**Was könnte eine Lösung sein, um zu einer Arbeitsmoral von 1950 oder 1960 zurückzukehren?**
Eine Rückkehr zur Arbeitsmoral vergangener Jahrzehnte ist unrealistisch, da sich die Arbeitswelt grundlegend verändert hat. Stattdessen sollten wir Modelle fördern, die die individuellen Bedürfnisse der Mitarbeiter berücksichtigen und gleichzeitig Produktivität und Engagement fördern. Eine offene Unternehmenskultur, klare Ziele und attraktive Entwicklungsmöglichkeiten könnten hierbei unterstützen.

# KAPITEL 9

# DAS MASS-GESCHNEIDERTE MARKETING-KONZEPT – DIE UMSETZUNG

Inzwischen hast du verstanden und kannst nachvollziehen, dass Marketing – für welches Produkt, für welche Dienstleistung, für welche Marke auch immer – nicht ohne ein gut durchdachtes Marketingkonzept funktionieren kann. Und weil du anders tickst als andere Firmen und anders als dein Wettbewerb, ist das Marketingkonzept, das ich für dich sehr gerne entwickele, auch ein völlig individuelles Unikat. Von der Stange geht auch gar nicht.

Sobald das Konzept für deine Positionierung im Markt mit allen Aussagen und Einzelmaßnahmen ausgearbeitet vorliegt, beginnt Phase zwei: die Umsetzung.

Allerdings glaubst du nicht, was ich schon erlebt habe: Unternehmer haben sich von mir ein durchdachtes Konzept und Hände voller Ideen liefern lassen – in sich schlüssig, eine „runde" Sache. Sie waren hellauf begeistert und beteuerten vielfach, wie genau ich den berühmten Nagel auf den Kopf getroffen hätte. Die Ideen seien „bombastisch" und sie freuten sich schon, alles in Kürze umgesetzt zu sehen. Und dann – Schweigen im Walde. Ohne Witz. Ich hatte schon Kunden, die haben das Konzept in die Schublade gelegt. Und dort liegen lassen. Da liegt es wahrscheinlich heute noch. Ich hatte auch schon Kunden, die sind zusammen mit mir in die Umsetzung gegangen. Im konkreten Fall sollte der Hausbau auf die bereits mehrfach angesprochene Bodenplatte in Form eines neuen Logos beginnen. Das Logo habe ich auch termingerecht vorgelegt, es wurde für „super" befunden und dann – nix. Nada. Nothing. Das ist aus meiner Sicht vergleichbar mit einem Arztbesuch. Der hat den Tumor erkannt, jedoch wird nun auf Wunsch des Patienten nicht weiter behandelt. Wo ist da die Logik? Immerhin wurde doch einiges an Zeit und Budget investiert, um das Unternehmen weiter nach vorne zu bringen – es gibt nichts, was es nicht gibt.

# DER EXTERNE FACHMANN IST DEIN PROJEKTLEITER

⌐Die Umsetzungsphase, also die zweite Phase, ist dann ein Abarbeiten der Punkte aus dem Konzept.⌐ Welche Punkte das sind und wie wir dann zusammen loslegen – das kann ich an dieser Stelle nicht sagen. Denn: Das weiß ich erst dann, wenn ich mit solch einer Kreativarbeit durch bin. Im Vorfeld kann ich auch niemals sagen, wie umfangreich solch ein Marketingkonzept wird. Wie auch? Das ergibt sich aus der jeweiligen Situation. Aber wie bereits zuvor bemerkt: Wenn du das nötige Vertrauen aufbringst, solch ein Marketingkonzept ausarbeiten zu lassen – als Basis der Sichtbarkeit deiner Firma in der Öffentlichkeit –, dann gibt es gar keine Frage, dass nicht auch in Phase zwei eingestiegen wird. Und auch bei diesem Schritt bin ich gerne an deiner Seite. Sämtliche Punkte, Ideen und Maßnahmen, die ich für dein Unternehmen entwickelt habe, kann ich als „der mit dem Hut auf" abwickeln und in die Realisierung bringen: Online, Offline, Audio, Video, Foto – seit 35 Jahren bin ich als Mittelstandsberater tätig, verfüge über ein riesiges Netzwerk an Spezialisten, die je nach Projekt und Anforderung ins Boot geholt werden können. Das Projektmanagement liegt dann natürlich beim Dirigenten, beim Bauleiter – bei mir. Somit hast du lediglich einen Ansprechpartner. Vorbei die Zeit, in der du Stunden damit zugebracht hast, deine Marketingzulieferer zu koordinieren, Dateien zusammenzusuchen und die jeweils Verantwortlichen ans Ohr zu bekommen. Neben der professionellen Begleitung ist dir also damit auch eine enorme Effizienz sicher.

Das Schöne, wenn die Projektschritte abgearbeitet und in die Umsetzung gebracht wurden, dein Marketing also überarbeitet oder ganzheitlich auf neue, stabile Füße gestellt wurde, ist, dass wir dann auch in der Folge zusammen an die einzelnen Maßnahmen anknüpfen und nachlegen können. Mein Team und ich wissen alles zum Stand der Dinge bei dir. Also sind auch künftig keine Erklärerei und somit Zeitverschwendung nötig.

An dieser Stelle möchte ich dir von zwei Beispielen berichten, die ich zusammen mit meinem Team realisiert habe und die meine Kunden sogar in die Radionachrichten gebracht haben:
Neben Industrieunternehmen und allen möglichen Dienstleistungsfirmen bin ich – zum Beispiel – auch für Handwerker tätig. Von Anfang an. Ich kann gar nicht mehr zusammenzählen, wie viele Konzepte und Projekte ich für Handwerker umgesetzt habe. Es sind hunderte!

# WENN AUF DEM MESSESTAND GEDUSCHT WIRD

An ein Handwerkerprojekt erinnere ich mich immer wieder gerne mit einem großen Schmunzeln zurück. Der Sanitär- und Heizungsspezialist rief an, weil er „ein großes Problem" hätte. Wir kannten uns längst, da ich im Vorfeld für ihn seine komplette Außendarstellung und somit seine Außenwirkung in der Region optimiert und seiner Firma durch entsprechende Maßnahmen in seinem Einzugsgebiet ein Gesicht gegeben hatte. Was war passiert? Er hatte eine große Fläche in einem Zelt der regionalen Leistungsschau am Ort gebucht – in anderen Regionen heißt es Messe. „Ich wollte unterschiedliche Heizungskessel auf der Fläche zeigen, aber ich komme so kurzfristig nicht an entsprechende Ausstellungsstücke beziehungsweise Neugeräte seitens der Hersteller heran", klagte er. „Jetzt habe ich die Fläche, weiß aber nicht, was ich damit anfangen soll." Ich stellte mir noch während des Telefonats vor, wie das wohl aussehen würde: auf einer Fläche von 24 Quadratmetern mehrere Heizkessel. Das erinnerte mich spontan an Friedhof: Grabstein an Grabstein. Ich sagte ihm: „Na, ein Glück kommst du so schnell nicht an die Kessel ran. Gib mir 24 Stunden und ich arbeite eine Alternative für dich aus."

Mir war klar: das ist eine einmalige Chance, „war" zu machen und nicht bloß „love". Jetzt hatte ich die Chance, für ihn richtig Gas zu geben und mir etwas schön Beklopptes auszudenken. Bekloppt im Sinne von: Noch nicht dagewesen. Sofort zog ich mich zum Überlegen zurück, bis mir Folgendes einfiel: Auf der Messe wird geduscht! Dauernd. Es steht eine junge Frau im Bikini in der stylishen Dusche und duscht. Völlig unbeeindruckt von den Besuchermassen, die sich durch den Gang im Messezelt schieben. Als ich meinem Kunden am nächsten Tag die Idee erzählte, war er nicht gerade begeistert: „Wir müssen das doch alles erst bauen, da muss notfalls gemauert werden, es müssen Rohre verlegt und eine Pumpe mit viel Wasser her..." Ja und? Das war doch sein Job! Ich sagte zu ihm: „Das ist mir klar und deswegen baut deine Mannschaft, während die Messe läuft, das Bad so schnell es geht. Baut ein richtig geiles Bad auf den Messestand. Und dann steigt unsere Grazie in die Dusche und duscht auf Teufel komm raus." „Wenn du meinst, dass das eine gute Idee ist, dann machen wir das", murmelte mein Kunde. Es war noch ausreichend Zeit, in der sich seine Firma um alles kümmern konnte. Am Tag vor der Messe konnten sie bereits in die Halle und schon mal grob alles abstellen und an Ort und Stelle platzieren. Na ja – dann ging es los: Als um zehn Uhr die Messe eröffnete, waren die Männer schon drei Stunden dabei, das Traumbad zu bauen. Inklusive Fliesenboden, Waschbecken und Toilette am Vorwandsystem. Mittendrin war Raum für eine echt schicke Dusche. An den Seitenwänden waren Visualisierungen angebracht, wie das Bad in Kürze aussehen soll. Allein, dass da Handwerker am Werkeln waren, war ein echter Hingucker. Viele Menschen blieben stehen, schauten dem Team zu und begannen zu fragen, was sie da machen. Es kamen Eltern mit ihren Kindern – und plötzlich ging es um Ausbildungsthemen. Damit hatte nun wirklich niemand gerechnet. Die Truppe war wirklich gut drauf und zog durch. Weil es alles nur Show war, weder Waschbecken und Klo funktionieren mussten, ging es auch wirklich zügig voran. Am Folgetag schon konnte am späten Nachmittag die Dusche angeschlossen werden. Sie war komplett aus Glas und nicht sichtbar an einen Wassertank mit Pumpe hinter dem Zelt angeschlossen. Die Menschen machten Fotos und Selfies.

Kollegen von anderen Sanitärfirmen waren längst auf dem Plan und frotzelten, dass unsere Mannschaft doch „spinnen" würde. So ein Aufwand wegen dieser blöden Messe. Für was denn sonst? Das war für mich eine große Genugtuung. Sie hatten nicht verstanden, um was es geht. Mein Kunde hatte sich damit zum Hingucker der Branche entwickelt. Jetzt und hier, in dieser einen Woche, können die Firmen doch zeigen, was sie draufhaben: Die Gurkenhobel-Tante hobelt alles, was man nur hobeln kann, der Gartenscheren-Typ zerschneidet am Stand sogar Metall mit seiner Schere, um zu zeigen, was für ein scharfes Teil er da im Angebot hat. Die Leute am Pfannenstand brutzeln den ganzen Tag über irgendwas – Hauptsache es brutzelt und riecht gut. Und die

Jungs vom Weingut schenken ein Probiergläschen nach dem anderen aus – und stoßen mit jedem Besucher aufs Neue an. Und wenn dann am Abend gelallt wird – egal. Hauptsache die Stimmung ist gut und man hat sich ins Zeug gelegt – mit aller Kraft Kommunikation für die eigene Firma!

Und die Heizungsbauer und Sanitärleute? Die stellen fünf Kessel nebeneinander und wundern sich, dass kaum einer anhält und sich erkundigt, was denn nun der neueste Schrei sei. Ich beziehe mich hierbei wohlgemerkt auf die Zeit vor dem Krieg in der Ukraine und der dadurch resultierenden Energiekrise.

# WASSER MARSCH – UND DIE MEDIEN BERICHTEN GRATIS

Nach zwei Tagen konnten wir endlich unsere eigentliche Rakete zünden: Es konnte geduscht werden. Mein Kunde hatte zunächst seine Tochter dafür rekrutiert – von begeistern können ist hier nicht die Rede! Uns war klar, dass wir aber einen Ersatz brauchen, wenn mal eine Duschpause eingelegt werden muss. Also hatte sie ihre beste Freundin aktiviert – geteiltes Leid ist halbes Leid. Das Wasser lief, die Mädels standen unter der Dusche, kamen alle zehn Minuten raus, um sich abzutrocknen und frische Luft zu schnappen. Was keiner bedacht hatte: Irgendwann schrumpelt die Haut im Wasser. Natürlich auch beim Dauerduschen. Das fanden die Mädels gar nicht lustig. Also wurden weitere Telefonate geführt und wir waren nur noch damit beschäftigt, Duschmädels „zu besorgen". Zwischenzeitlich hatte ich die Idee für einen parallel aufzustellenden und medienwirksamen Guinness-Rekord ad acta gelegt. Sie hätten mich gesteinigt. Aber: Der versprochene Gutschein fürs örtliche Klamottengeschäft zog. Die nächsten Tage während der Messe wurde streng nach Duschdienstplan geduscht. Inzwischen war Musik am Stand, wir hatten ihn beleuchtet und sogar beduftet. Insgesamt eine wirklich coole und noch nicht dagewesene Aktion – wohlgemerkt auf einer Regionalmesse auf dem Land.

Mein Kunde war Gesprächsthema Nummer eins. Die Tageszeitung berichtete von der Messe – natürlich mit unserer Duschnummer inklusive Riesenfoto vom Bad und duschender Grazie. Der regionale Radiosender, der regionale TV-Sender – alle waren gekommen und wollten die Dusche sehen. Die Fotos vom Duschen gingen durch Social Media, eine Riesengaudi für alle.

Am Ende bedankte sich mein Kunde bei mir für die „bekloppteste, aber geilste Idee", die er jemals umgesetzt hatte. Allein die Presseberichterstattung, die ihn keinen Cent gekostet hat, hat zigtausende Menschen erreicht. Der Mediawert dafür lag bei ebenso zigtausenden Euro – alles gratis. Ab sofort sprach man in der Region nur noch von dem Sanitärbetrieb als von „dem mit der Dusche." Noch im laufenden Jahr konnte er mehr Aufträge im Bereich der Badsanierung umsetzen als jemals zuvor. Auch wenn die Aktion stellenweise drohte, aufgrund der rebellierenden Wassernixen regelrecht ins Wasser zu fallen, ist alles nach Plan gelaufen – und sogar darüber hinaus.

# UMDENKEN, NEU DENKEN – MARKETING MIT KÖPFCHEN

Eine andere Aktion hat auch mit Wasser und Waschen zu tun. Und mit des Deutschen liebstes Kind, dem Auto. Die Rede ist von Autowaschstraßen. Seit Jahren schon kümmerten wir uns um das Marketing eines regionalen Waschstraßenfilialisten. Die komplette Außendarstellung, angefangen bei der Webseite über Flyer und Textilien, Werbetechnik an den Standorten und Giveaways kam von uns. Das Unternehmen läuft seit vielen Jahren bereits wirklich super. Der Unternehmer legt sehr viel Wert auf Qualität. Seine Waschtechnik ist vom Feinsten, er experimentiert seit Jahren mit möglichst effektiver und wohlriechender Chemie. Er hat seine Firma zu einer echten Edelwaschstraße entwickelt. Natürlich ist jede Anlage mit Textilfasern ausgestattet. Bürstenwäsche, die verschrien ist Kratzer im Lack zu hinterlassen, ist nichts für seinen Anspruch. Eines Tages kam er in mein Büro und war zerknirscht. Der Mittwoch liefe immer schleppender. Immer mehr Kunden verlagerten nämlich die Autowäsche auf den Samstag. Durch Flottengeschäft, Kooperationen mit Autohäusern und dem sonstigen Tagesgeschäft war zwar ein gutes Grundrauschen da, aber vor allem am Mittwoch rauschte es am wenigsten. Dingdong – Zeit für meinen Kreativeinsatz.

Es galt also, den Samstag zu entzerren. Meinem Kunden war es gar nicht so wichtig, noch mehr Autos durch seine Anlagen zu schleusen. Aber das Personal kroch insbesondere samstags auf dem Zahnfleisch. Die Wartezeiten führten zu Ärger und Frust bei den Kunden in der Schlange vor der Einfahrt. Samstag – Samstag – Samstag. Dieser böse Samstag! Mir schoss es wie ein Blitz vom Himmel ins Gedächtnis: Samstag ist Waschtag. Oder Badetag. Das kannte ich noch von früher. Meine Großmutter hatte mir erzählt, dass noch lange nach dem Krieg nur einmal in der Woche Großreinemache angesagt war – um zu sparen. Wasser und somit Geld. Samstag ist Waschtag – ein landläufig bekannter Ausspruch. Aber weil für meinen Kunden ja Samstag quasi der böse Tag war, erklärte ich kurzerhand den Mittwoch zum Waschtag. Ich kreierte die Aktion: Mittwoch ist Waschtag! Und wieder galt es für mich, möglichst viel Trouble am Ort des Geschehens zu veranstalten.

Ich wollte den Mittwoch so attraktiv wie möglich machen – der böse Samstag sollte keine Chance mehr haben. Also wurde im Radio, in Anzeigen, in Social Media und mit Flyern getrommelt: Mittwoch ist Waschtag! Auf die Wäsche gab es einen saftigen Rabatt.

Weil ich davon ausging, dass am Mittwoch einige Autos mehr kommen und sich somit eine Warteschlange bilden würde, wollte ich diese den Kunden versüßen. Das örtliche Kino konnte ich dafür begeistern, dass sie vor der Anlage eine Popcornmaschine aufbauen und an alle Wartenden ein Päckchen Popcorn ins Auto reichten – inklusive Popcorn-Gutschein für den nächsten Kinobesuch. Und was macht man noch, wenn man länger warten muss? Man liest etwas. Also handelte ich mit der Regionalzeitung aus, dass die einen Zeitungsburschen mit Umhängetasche an der Schlange rauf- und runterlaufen lässt und jedem, der möchte, die aktuelle Tageszeitung schenkt. Natürlich lag jeder Zeitung ein Flyer für ein besonders attraktives Abo bei. Der Radiosender, bei dem wir reichlich Funkspots gebucht hatten, erklärte sich bereit, kostenlos ein Gewinnspiel für Autowäschen bei unserem Kunden zu veranstalten – natürlich am Mittwoch live in der Sendung. Denn Mittwoch ist ja bekanntlich Waschtag.

# MARKETING, BIS DIE POLIZEI KOMMT

Was dann passierte, konnte niemand ahnen: Die Schlange der Wartenden wurde länger und länger. Die Jungs gaben bei der Vorwäsche alles und kamen trotzdem kaum hinterher. Minütlich kamen mehr und mehr Autos. Die Stimmung bei den Wartenden war allerdings super. Alle mümmelten fleißig Popcorn, einige kamen seit langem mal wieder zum ausgiebigen Studium der Tageszeitung. Wer nett fragte, bekam für die Kinder im Auto auch noch eine zweite Tüte Popcorn. Ein DJ war auch noch am Start. Das Wetter war gigantisch. Ich wette, der ein oder andere bekam ein bisschen Urlaubsfeeling. Bis zu dem Zeitpunkt, als die Polizei auftauchte. Aus Sicherheitsgründen schickte sie die hintersten Autos nämlich weg. Zu weit hatte sich die Schlange in die Straße hinauf gebildet.

Am Nachmittag hatte es unsere Aktion daher sogar in die regionalen Verkehrsnachrichten geschafft. Das führte aber zu noch mehr Chaos. Die Leute wollten sehen, was da los ist – und die Polizei regelte fleißig nach alter Manier den Verkehr.

Der erste Plan der Aktion war also aufgegangen – am Mittwoch war gehörig was los. So viel wie noch nie. Der gewährte Rabatt hat den Unternehmer nicht weiter gejuckt und die Kunden wurden zu Fans. Dann wurde der Blick auf den Samstag gerichtet: Ging der Plan auf? Hat der plötzlich starke Mittwoch zu einer Entlastung am Samstag geführt? Der Donnerstag lief wie immer, der Freitag auch. Am Samstag waren wir alle gespannt wie ein Flitzebogen. Er begann wie immer: Schon recht früh kamen überdurchschnittlich viele Kunden zum Autowaschen. Und es hörte nicht auf. Auto um Auto fuhr in die Anlage. Wie am Samstag zuvor. Und wie am Samstag vor dem vorigen Samstag. Es wurde einfach nicht weniger. Im Gegenteil: Einen Tick mehr Fahrzeuge kamen sogar an den folgenden Samstagen. Insgesamt kamen mehr Fahrzeuge, vor allem am Mittwoch. Klar: Mittwoch ist ja auch Waschtag.

Hatte ich also versagt? Immerhin war es mir ja nicht gelungen, Kunden vom Samstag auf den Mittwoch zu ziehen. Das Fazit meines Kunden lautete: Gigantischer Aktionserfolg, Kunden dazugewonnen, statt lediglich geplanter Entzerrung. Böse war er mir deswegen nicht. Im Gegenteil.
An den folgenden Mittwochen wurde die Aktion deutlich reduziert gefahren, es gab natürlich den ausgelobten Mittwochsrabatt. Aber nach kurzer Zeit stellte mein Kunde die Aktion komplett ein. Mehr war der Mannschaft einfach nicht mehr zuzumuten.

# VOM WACHKÜSSEN, MOTIVIEREN UND ANTREIBEN

Wichtig ist es zu verstehen, dass solche Einzelaktionen nicht der Weisheit letzter Schluss sind. Und: Sie sind kein Allheilmittel. Das sind einzelne Leuchttürme im Großen und Ganzen. Vor allem sind derlei Aktionen oder Projekte nur dann zu realisieren, wenn das Unternehmen bereits in seiner Außendarstellung perfekt aufgestellt ist. Es muss einfach alles stimmen. Niemals würde ich solch eine Aktion für eine Firma planen, deren Gesicht nach außen nicht hübsch anzusehen ist und die konzeptlos vor sich hin wurschtelt. Es geht um den Gesamteindruck. Es geht um die regionale Marktführerschaft. Und dazu zählen neben einer Topqualität der Firma, der bestens ausgebildeten und versierten Mannschaft und deren überdurchschnittlichen Einsatz natürlich auch die Bereiche Corporate Design, Werbemaßnahmen, Kommunikation und Storytelling. Menschen kaufen von Siegern. Nicht von Krautlern. Mir ist klar: Viele KMU präsentieren sich wie echte Krautler, legen keinen Wert auf ihr Äußeres und sind zufrieden mit dem, was sie haben. Sie sind dabei keine schlechten Handwerker, Dienstleister oder Zulieferer. In ihnen schlummert aber ein riesiges Potenzial. Und das lässt sich ausschöpfen – wenn der Unternehmer dazu bereit ist. Er muss bereit dazu sein, auch mal einen aus seiner Sicht bekloppten Weg zu gehen. Und wenn es eben das Dauerduschen auf der Regionalmesse ist. Aber was für meinen zuvor beschriebenen Kunden das Dauerduschen war, kann für dich und deine Firma eine andere, coole und nachhaltige Aktion sein. Ich werde eine Idee für deine Firma finden. Das ist mein Job. Seit 35 Jahren. Ich bin der Mittelstandsberater und Mittelstandsbegleiter. Ich bin Impulsgeber, Wachküsser und Antreiber. Ich bin dein Motivator, Mutmacher und Verbündeter. Ruf mich an und lass uns kennenlernen. Alles andere ergibt sich dann.

**Mit einem rundum durchdachten Marketing und einem sympathischen Außenauftritt gewinnst du auch automatisch viel schneller neue Mitarbeiter.**

nils-brennecke.de

# DER MITTELSTAND IM GESPRÄCH

## DR. SASCHA GENDERS, HAUPTGESCHÄFTSFÜHRER DER IHK WÜRZBURG-SCHWEINFURT

Das muss man sich mal auf der Zunge zergehen lassen: 99 Prozent aller deutschen Unternehmen sind nach einer Erhebung aus dem Jahr 2020 KMU, also kleine und mittlere Unternehmen. Das Rückgrat der deutschen Wirtschaft ist der Mittelstand. Aber was sind KMU denn genau? Definiert sind sie nach der Anzahl ihrer Beschäftigten sowie dem Jahresumsatz.

**Kleinstunternehmen** haben bis neun Beschäftigte und machen einen Jahresumsatz von bis zu bis zwei Millionen Euro.

**Kleine Unternehmen** beschäftigen bis 49 Mitarbeiter und machen bis zu zehn Millionen Euro Umsatz im Jahr.

**Mittlere Unternehmen** haben bis zu 249 Arbeitnehmerinnen und Arbeitnehmer und machen bis zu 50 Millionen Euro Umsatz.

**Großunternehmen** hingegen haben über 249 Beschäftigte oder erwirtschaften mehr als 50 Millionen Euro Jahresumsatz.

Wer sich sehr gut mit dem Rückgrat der deutschen Wirtschaft aus-
kennt, mit ihrer Organisation, ihrer Fortentwicklung und auch mit ihren
jeweiligen Branchenregularien sind die Industrie- und Handelskammern. Manchem Unternehmer sind sie aufgrund der gesetzlichen Mit-
gliedschaft ein Dorn im Auge. Die meisten Firmen schätzen hingegen
die Unterstützung der IHK, auf die man jederzeit zurückgreifen kann. Die
Industrie- und Handelskammern vertreten als eigenverantwortliche,
öffentlich-rechtliche Körperschaft im Sinne der Selbstverwaltung das
Interesse ihrer zugehörigen Unternehmen gegenüber Kommunen, Lan-
des- und Bundesregierung und den regionalen staatlichen Stellen. Sie
unterliegen der Rechtsaufsicht des Landes. Dabei erfüllen sie vielfältige Aufgaben: Die Wahrnehmung des Gesamtinteresses der ihnen zugehörigen Gewerbetreibenden im jeweiligen Bezirk sowie die Förderung
der gewerblichen Wirtschaft – wobei die wirtschaftlichen Interessen
einzelner Gewerbezweige oder Betriebe abwägend und ausgleichend
zu berücksichtigen sind. Auch sind sie zuständig für die Sicherung des
fairen Wettbewerbs. Natürlich gibt's auch den erhobenen Zeigefinger:
Die IHK soll nämlich auf die Wahrung von Anstand und Sitte der ehr-
baren Kaufleute hinwirken. Hört, hört.

Auch die Services der IHK sind überaus vielfältig. Ich habe mir lediglich
einige Beispiele herausgepickt: die öffentliche Bestellung und Vereidi-
gung von Sachverständigen, die Erstellung von gutachterlichen Stellungnahmen für Gerichte und Behörden, Beglaubigung von Handelsrech-
nungen, Erteilung der Erlaubnis zum Vermitteln von Versicherungen, die
Durchführung von Fort- und Weiterbildungen mit anerkannten IHK-Ab-
schlüssen, wie beispielsweise die Fortbildung zum Handelsfachwirt.

Ein wesentlicher Punkt: die Überwachung und Förderung der kaufmännischen und gewerblichen Berufsbildung inklusive der Erstellung von bundeseinheitlichen IHK-Prüfungszeugnissen unter Beachtung des Berufsbildungsgesetzes. Rund 3,6 Millionen gewerbliche Unternehmen sind Mitglieder einer IHK.

Konkrete Geschäftsbereiche sind zum Beispiel: die Vertretung der regionalen Wirtschaft gegenüber Politik, Verwaltung und Öffentlichkeit, etwa durch Stellungnahmen zu Gesetzgebungsvorhaben. Auch die Einflussnahme auf Planungsprozesse wie Bebauungs- und Flächennutzungspläne, Konjunkturberichterstattung, die Veröffentlichung von Wirtschaftsstatistiken. Existenzgründungsberatung, Nachfolgeberatung, die Durchführung von Weiterbildungen gehören zum Leistungsspektrum, sowie beispielsweise die Entwicklung von Aus- und Weiterbildungskonzepten, das Erteilen von Rechtsauskünften und die Verfolgung von Wettbewerbsverstößen.

Der jeweilige IHK-Präsident vertritt zusammen mit dem Hauptgeschäftsführer die jeweilige Kammer. In Abstimmung mit dem Präsidenten und der Vollversammlung ist der Hauptgeschäftsführer für die laufende Kammerarbeit verantwortlich.

Der Hauptgeschäftsführer der IHK Würzburg-Schweinfurt, Dr. Sascha Genders, ist Chef von 135 Mitarbeitern und verantwortet einen Jahresetat von etwa 19 Millionen Euro. Die Bilanzsumme: rund 39 Millionen Euro. Die IHK Würzburg-Schweinfurt hat 71.000 Mitglieder aus Industrie, Handel und Dienstleistungsgewerbe.

Der promovierte Volkswirt ist seit 2008 für die IHK Würzburg-Schweinfurt tätig. Seit 2013 leitete er das Geschäftsfeld Existenzgründung und Unternehmensförderung, seit 2014 zusätzlich das Geschäftsfeld Standortpolitik. 2020 wurde er stellvertretender Hauptgeschäftsführer, zu Jahresbeginn 2023 Hauptgeschäftsführer. Genders ist Mitglied in zahlreichen Gremien der Deutschen Industrie- und Handelskammer (DIHK) in Berlin, zudem Lehrbeauftragter der Technischen Hochschule Würzburg-Schweinfurt. Mit Dr. Sascha Genders habe ich über den regionalen Mittelstand sowie das Marketingverständnis von KMU gesprochen:

**Nils Brennecke: Ihr Team und Sie haben hauptsächlich mit KMU zu tun. Inwiefern haben Sie in den vergangenen Jahren feststellen können, dass sich der Außenauftritt und das Marketing dieser mittelständischen Unternehmen verändert hat?**

Dr. Sascha Genders:  Nicht wenige KMUs haben in den vergangenen Jahren erkannt, wie wichtig eine starke Markenpräsenz geworden ist. Damit meine ich nicht nur, online mit einer Website am Start zu sein. Öffentlichkeitsarbeit auf sozialen Medien ist heute ebenso wie Onlinewerbung ein wichtiger Bestandteil in Marketingstrategien, vor allem, wenn man seine Arbeitgebermarke pflegen möchte. Ich weiß auch von immer mehr Firmen, die mit Influencern zusammenarbeiten.

**Sicher begegnen Ihnen immer noch Firmen, die überhaupt kein Marketingverständnis haben, jedoch über ein ungeahntes wirtschaftliches Potenzial verfügen, wenn sie sich nur zeitgemäß beraten und vermarkten ließen. Gibt es solch einen konkreten Fall, von dem Sie – natürlich völlig anonym – erzählen können?**

Auch ohne einen konkreten Fall nennen zu wollen – mit Sicherheit gibt es hier das ein oder andere Unternehmen. Was ich höre, ist aber oftmals nicht der vermeintliche Mangel an Willen oder Bereitschaft, sondern der vermeintliche Mangel an Zeit, der daran schuld ist. Mit anderen Worten: Welche Priorität hat Marketing im Betriebsalltag?

**Wie wichtig ist es für kleinere und mittlere Unternehmen zu „trommeln", Gesicht zu zeigen und auf sich aufmerksam zu machen?**

Erst Marketing macht die Marke bekannt und die Zielgruppen auf das Angebot aufmerksam. Ohne Marketingmaßnahmen bleiben selbst die besten Produkte oder Dienstleistungen unbemerkt. Aber eigentlich geht es um mehr als Bekanntheit. Es geht immer auch um Vertrauen und Glaubwürdigkeit – also um Reputation. Eine starke Marke funktioniert nur mit einem starken Unternehmen.

**Was raten Sie Firmen, die unzureichend kommunizieren und noch nie etwas von Corporate Design, Storytelling und kommunikativer Vertriebsunterstützung gehört haben?**

Nutzen sie ein IHK-Weiterbildungsangebot – etwa einen „Crashkurs Marketing". Oder schicken Sie Mitarbeiter berufsbegleitend in die Weiterbildung zum „Digital Marketing Manager". Denn Social Media und Onlinemarketing sind in der heutigen Unternehmenskommunikation unverzichtbar und der Trend in Richtung digitalem Marketing wird weiter zunehmen. Sie können bei uns aber auch den Fachwirt im E-Commerce machen. Neben der Qualifizierung lohnt auch stets, bei anderen zu schauen und positive Beispiele zu adaptieren. Netzwerke für Unternehmen können hierbei massiv helfen.

**Sehen Sie Unternehmen in Ballungsgebieten im Vorteil, wenn es um die Auswahlmöglichkeit hochprofessioneller Marketingberater und langjährig erfahrener Werbeagenturen geht?**

Überhaupt nicht, sogar eher umgekehrt: Viele unserer mainfränkischen Agenturen haben Kunden in deutschen Metropolen. Wenn Firmen aus Hamburg, Düsseldorf oder Frankfurt sich von Marketingprofis aus Würzburg, Schweinfurt oder Kitzingen helfen lassen, dann müssen wir uns mit unseren Qualitäten in Mainfranken also beileibe nicht verstecken. Übrigens auch zahlenmäßig nicht: Von unseren 71.000 Mitgliedsunternehmen zählen rund 1.700 zum Wirtschaftszweig „Werbung und Marktforschung", jedes sechste davon kann auf mindestens 20 Jahre Erfahrung zurückgreifen.

**Die Medien- und Kommunikationsbranche liegt bei vielen jungen Menschen im Trend. Ein Großteil der Heranwachsenden wäre gerne erfolgreicher Influencer. Beobachten Sie einen Anstieg von Neugründungen im Bereich Werbung und Kommunikation – und womöglich einen gleichen Anstieg von Unternehmensschließungen in diesem Bereich?**

Der Trend, dass wir seit ein paar Jahren weniger reine Neugründungen verzeichnen, zeigt sich leider auch im Wirtschaftszweig „Werbung und Marktforschung", dem auch die vorhin erwähnten Influencer zugeordnet werden. Bayernweit haben wir im Vergleich 2022 zu 2013 in Summe zwölf Prozent weniger Neugründungen, im Wirtschaftszweig Werbung und Marktforschung sind es sogar 38 Prozent.

**Sie sind schon lange im Geschäft: Inwieweit ist bei Unternehmen in Ihrer Region ein Zusammenhang zwischen besonders pfiffigem Marketing und wirtschaftlichem Erfolg festzustellen?**

Sie kennen sicher auch den Clip von dem Bettler auf dem Gehsteig mit dem Schild „Bitte helfen sie mir, ich bin blind". Alle Passanten gehen achtlos an ihm vorbei. Bis ein junges Mädchen stehen bleibt und sein Schild neu beschreibt. Plötzlich werfen alle eine Münze oder gar Scheine in seinen Hut. Und was steht jetzt auf dem Schild? „Heute ist ein sonniger Tag und ich kann ihn nicht sehen". Um erfolgreich zu sein, müssen wir das Gleiche mit den richtigen Worten sagen.

**In welchem Bereich des Marketings haben KMU Ihrer Wahrnehmung nach besonderen Nachholbedarf? Ist es der Onlinebereich? Woran liegt das?**

Nicht alle KMUs haben schon das volle Potenzial des digitalen Marketings erkannt. Aber gerade der Wandel im Marketingumfeld, gerade im digitalen Bereich macht es nötig, Schritt zu halten und auf dem Laufenden zu bleiben.

**Ein aufs Marketing bezogener SIXT ist mir auf regionaler Ebene bisher noch nicht untergekommen. Warum fehlt Ihrer Ansicht nach insbesondere kleineren Unternehmen die nötige Portion Mut, besonders extrovertiert nach vorne zu gehen?**

Ist das so? Machen Sie doch mal ein paar Vorschläge (lacht).

**Auf welche Weise vermarkten Sie Ihre Service- und Bildungsangebote? Stemmen Sie die Kommunikation komplett inhouse oder arbeiten Sie auch mit externen Dienstleistern zusammen?**

Die jüngsten Mitgliederakzeptanzanalysen bescheinigen uns, dass die IHK-Angebote zu 80 bis 90 Prozent bekannt sind. Das mag auch damit zusammenhängen, dass wir sehr großen Wert auf SEO legen und wir bei Google sehr oft ganz oben landen. Wir arbeiten bei der Vermarktung unserer Weiterbildungsmaßnahmen auch tatsächlich mit externen Dienstleistern zusammen.

# KAPITEL 10

# MUT ZUM ERFOLG

Fakt ist: Wir Menschen kaufen nicht vom Gescheiterten. Wir kaufen vom Erfolgreichen, vom Sieger. Wir wollen auch gerne Teil des Erfolgs sein – egal auf welcher Ebene, egal in welchem Business. Die Sonnenseite lieben wir mehr als die Schattenseite. Logo.

Sieger haben in der Regel ein ganz anderes Auftreten als weniger erfolgreiche Vertreter. Sieger sind selbstbewusst. Sie kennen nur einen Weg: nach vorne. Mir ist völlig klar, dass nicht jeder Unternehmer automatisch eine Rampensau ist. In der Öffentlichkeit zu stehen, seinen Namen fett auf eine Fahrzeugflotte zu kleben oder als weithin sichtbare Leuchtreklame ans Firmengebäude zu schrauben, ist nicht jedermanns Sache. Interviews zu geben oder Fachartikel zu veröffentlichen, kann nicht jeder sofort aus dem Stehgreif. Aber: So etwas kann man lernen. So etwas ist ein Teil des Trommelns – was zum Geschäft einfach dazu gehört. Ich kenne Unternehmer, denen war es zunächst peinlich, als ich ihnen dazu riet, sich in ihrer Kommunikation persönlich zu zeigen. Sie meinten, ihnen könne das als Profilneurose ausgelegt werden. Klar: Es passt nicht immer, dass sich der Geschäftsführer in den Vordergrund stellt – nicht drängt, wohlgemerkt. Aber dort, wo es passt, ist es sinnvoll. Denke bloß mal an den Wahlkampf. Die Politiker sind überwiegend riesig im Porträt auf Plakaten in der Stadt zu sehen. An jedem Laternenmast grinsen sie uns an. Sie wollen uns allein durch ihr (vermeintlich) attraktives und sympathisches Äußeres für sich gewinnen. Sie möchten unsere Sympathie gewinnen. Auf Argumente oder besondere Themen, für die sie eintreten, wird dabei meistens verzichtet. Ist das nicht verrückt? Was müssen wir Unternehmer jeden Tag an Überzeugungsarbeit leisten, Angebote schreiben und den Vertrieb schulen? Politiker hingegen grinsen von der Laterne und – werden gewählt. Zu so einem argumentfreien Grinsevertrieb gehört schon eine große Portion Mut, finde ich. Aber wenn du in der Region oder in deiner Zielgruppe der Marktführer sein möchtest und dabei möglicherweise den Trumpf des Familienunternehmers ausspielen kannst, dann sei mutig! Profis setzen dich so in Szene, dass es weder aufdringlich noch sonst irgendwie komisch rüberkommt. Wer sich zeigt, wer Gesicht zeigt, der ist etwas Besonderes. Menschen möchten anderen Menschen folgen. Du wirst erkannt werden – mehr noch als zuvor. Und die Menschen werden vielleicht sogar tuscheln. Auf dem Volksfest, auf dem Wein-, Schützen- oder Feuerwehrfest wirst du plötzlich zum Gesprächsthema: „Schau mal da drüben, das ist doch der Meier vom Garten- und Landschaftsbau Meier. Du bist dein eigenes Testimonial. Und du wirst plötzlich angesprochen werden. Und es wird vorkommen, dass du plötzlich ein Verkaufsgespräch führst und für den kommenden Montag einen Termin vereinbarst. Das ist doch wunderbar. Wäre es nicht arrogant und überheblich, so etwas abzulehnen, gar solch ein Gespräch abzubrechen? Das kann sich ein Unternehmer nicht leisten. Ich will jetzt nicht mit „selbst und ständig" kommen. Aber es ist doch so. Und ich finde, es gehört auch so.

# WER MUT HAT, HAT ERFOLG

Zum Unternehmertum gehört jede Menge Mut. Mut, sich in die raue See zu begeben. Umgeben von Monsterwellen, die einem Böses wollen: Abmahnungen, zahlungsunwillige Kunden, rebellierendes Personal, der Wahnsinn der deutschen Bürokratie im Allgemeinen – du weißt als Unternehmer ganz genau, von was ich hier spreche. Aber du stellst dich diesen Umständen. Und dazu gehört eine ganze Schippe Mut! Deswegen sind Unternehmer immer schon etwas Besonderes in unserer Gesellschaft, zu denen in der Regel aufgeschaut wird. Natürlich bist du als Unternehmer auch immer Vorbild. Aber das weißt du alles sowie selbst. Ich möchte dir mit diesen Zeilen Mut machen, wenn du noch damit haderst, mit deinem Gesicht nach draußen zu gehen, dich auf deiner Webseite, in Social Media, auf Fahrzeugen oder zum Beispiel auf Drucksachen zu zeigen. Ich selbst hatte ein kleines, mittelständisches Unternehmen mit 22 Angestellten. Vor dem Verkauf meiner hälftigen Geschäftsanteile 2018 habe ich mich natürlich auch gezeigt. Mit dieser Firma war ich überwiegend regional tätig. Und da war es mir wichtig, gesehen zu werden. Und es hat sich gelohnt, hin und wieder in der Tageszeitung mit Themen aus unserer Firma aufzutauchen. Foto inklusive. Ob die Begrüßung der neuen Azubis, der Abschluss eines anspruchsvollen Projekts oder der Neubau unserer Werbeagentur mit siebenstelligem Investment am Standort.

Ich habe permanent aktiv Pressearbeit für die Firma betrieben. Insbesondere natürlich in den für meine Zielgruppe relevanten Medien, wie beispielsweise in den IHK-Zeitschriften oder anderen regionalen Wirtschaftsorganen. Über einen langen Zeitraum habe ich sogar in einer regionalen Wirtschaftszeitung jeden Monat eine Kolumne gehabt: den Werber-Rat. Für Unternehmer habe ich alle vier Wochen einen wertvollen Marketingtipp inklusive Anwendungsbeispiel geschrieben. Und somit stand ich für die Leserschaft dieses Mediums als Experte für mein Thema, das Marketing. Im Gegenzug freute sich die Redaktion, dass sie eine fundierte, anspruchsvolle Kolumne gratis bekam. Win-win wie im Bilderbuch. Eigentlich ja dreimal win, denn es ging ja darum, vor allem den Lesern einen wertvollen Rat mitzugeben. Natürlich stand unter jedem meiner Kolumnen eine Kurzvita von mir – inklusive Foto.

# GEHATET WIRD IMMER VON UNTEN

⌐Unternehmer gehen ins Rennen, um erfolgreich zu sein. Es geht darum, eine Leistung, ein Produkt zu verkaufen und dafür entlohnt zu werden – selbstverständlich mit Gewinn. Und wenn du ein pfiffiger Unternehmer bist, dann bist du automatisch ein Gewinner.⌐ Ich finde, dass kann man auch zeigen. Ohne dabei angeberisch oder großkotzig herüberzukommen. Ein Bekannter von mir hat schon immer für einen ganz besonderen Sportwagen geschwärmt. Er ist erfolgreicher Unternehmer und verdient wirklich sehr viel Geld mit seiner Arbeit. Als er eines Tages wieder von diesem coolen Auto anfing zu schwärmen, fragte ich ihn, wieso er es sich denn nicht endlich anschafft. „Das kann ich doch nicht machen. Was meinst du, wie die Nachbarn und die Leute am Ort dann reden werden." Na und? In Amerika würden sie ihm zuwinken und sich für ihn und seinen Erfolg freuen. In Deutschland leben wir in einer immer größer werdenden Neidgesellschaft. Das ist mir schon klar. Hier herrscht leider grundsätzlich eine große Portion Missgunst. Aber eines ist doch logisch: ⌐Gehatet wird immer von unten.⌐ Lass dir das mal auf der Zunge zergehen: Gehatet wird immer von unten! Ich kann diesen Spruch, den ich bei einem sehr erfolgreichen Unternehmer aufgeschnappt habe, nicht oft genug wiederholen. So ist es, er hat damit so recht! Klar ist auch: ⌐Sieger siegen und Hater haten.⌐

Deswegen habe ich mir auch nie Gedanken darüber gemacht, was wohl die Nachbarn oder die Kunden denken werden, wenn ich mit einem dicken Auto um die Ecke komme. Mit Ende 20 wollte ich unbedingt eine Mercedes S-Klasse haben. Ein Traum für viele Jungs. Gibt es auch nur einen Grund, warum ich sie mir nicht hätte kaufen sollen? ⌐Und als ich einige Zeit später unbedingt einen 7er BMW haben wollte, habe ich mir einen 7er BMW gekauft. Ich bin heilfroh, dass ich mir diese Herzenswünsche schon vor langer Zeit erfüllt habe. Es ist doch mein Leben.⌐ Und nur, weil ich mit einem Mercedes oder einem BMW angefahren kam, hat kein Kunde mich vom Hof gejagt oder mir die Zusammenarbeit aufgekündigt. Im Gegenteil. Wenn ein Kunde mein Auto zufällig gesehen hat, dann gab es ausschließlich positives Feedback. Entweder haben wir zu fachsimpeln angefangen, weil er auch so einen oder so einen ähnlichen Wagen hatte. Oder es gab Kommentare in die Richtung: „Dein Geschäft scheint ja gut zu laufen". Erkannt. Ich bin auch heilfroh, mir schon 1996 eine Rolex gekauft zu haben. Kein Tag vergeht, an dem ich sie nicht trage. Heute ist sie im Laden das Doppelte und aktuell im Markt das Dreifache wert. Ich wollte die Uhr unbedingt haben, also habe ich sie mir gekauft.

Statussymboldiskussionen möchte ich nicht führen. Das ist Zeitverschwendung. Es geht in keiner Weise ums peinliche Protzen. Es geht um das Leben. Und um die schönen Seiten am Leben. Ich umgebe mich im Privaten ausschließlich mit Menschen, die mit mir auf einer Wellenlänge funken. Da muss man sich weder rechtfertigen noch irgendetwas erklären. Natürlich kommt es vor, dass aus dem Zug des Lebens Menschen aussteigen. Das ist schade. Und ich bin traurig über jeden, der aus meinem Zug des Lebens ausgestiegen ist. Aber dann hat es so sein sollen. Jeder kennt das, das ist nun mal so. Aber es steigen auch immer wieder neue Leute zu.

# MIT DEM ERFOLG KOMMT DER LIFESTYLE

Wenn ein Unternehmer überhaupt keinen Wert auf ein tolles Auto legt, dann ist das nun mal so. Dann hat er halt noch nie diesen unbedingten Wunsch gehegt. Er hat sich stattdessen vielleicht die krasseste Zuchtschildkröte der Welt oder die seltenste Briefmarke Tunesiens gekauft (ich weiß nicht, ob's das beides überhaupt gibt, aber du verstehst, was ich meine). Aber auch die, die keine Lust auf ein tolles Auto oder eine wertvolle Uhr haben, haben sicher irgendein Faible, das ihnen einiges wert ist. Wein vielleicht. Oder gutes Essen. Und so muss es doch sein. Der eine so, der andere so. Wunderbar.

Sich aber in seinem Lifestyle einzuschränken, nur um es der Gesellschaft angeblich recht zu machen, ist doch der totale Quark. Ich bin erfolgreicher Unternehmer. Ich habe ein tolles Haus, ich mache tolle Urlaube, ich leiste mir das, was ich gerne haben möchte. Punkt aus. Und deswegen sage ich hier noch einmal, was der Unternehmerkollege so treffend gesagt hat: Gehatet wird immer von unten. Schreibe dir diesen Satz am besten irgendwo hin, wo du ihn jeden Tag lesen kannst. Vielleicht klebst du ihn dir an den Monitor. Eine tolle Hilfe, jeden Tag ein bisschen selbstbewusster zu werden. Und mutiger!

# KAPITEL 11

# RIESENCHANCE FEHLER- MANAGEMENT

Wo Menschen arbeiten, da passieren Fehler. Wichtig ist, dass derselbe Fehler möglichst nur einmal passiert. Und noch wichtiger: Mit einem Fehler sollte unbedingt professionell umgegangen, also echtes Fehlermanagement betrieben werden. Denn nichts ist schlimmer, als einen Bock zu schießen und das dann versuchen zu vertuschen, zu verschleiern oder es so hinzubiegen, dass es niemand merkt. Wir alle wissen: Jeder Bockmist kommt irgendwann ans Licht. Ob auf dem Bau, in der Dienstleistung, in der Industrieproduktion, im Speditionsgewerbe – überall kann etwas Blödes passieren. Und: Es wird immer rauskommen. Wenn dann der Kunde später den Fehler zu sehen, fühlen, spüren oder sonst wie vor die Nase bekommt, kommt es unter Umständen zum Riesenstreit. Wer will das schon?

Daher sollte es zur Unternehmenskultur gehören, ein professionelles Fehlermanagement zu betreiben: Aus Fehlern zu lernen, Schlüsse zu ziehen, das Personal zu sensibilisieren und zu schulen und vor allem eine adäquate Wiedergutmachung gegenüber dem Auftraggeber vorzunehmen.
Nehmen wir beispielhaft meine Branche: Wo kann ich einen Bock im Marketing schießen? Das kannst du dich an dieser Stelle jetzt auch analog für dein Business mal fragen.

Bei mir kann weniger bei der Kreativleistung etwas so richtig schiefgehen. Denn das sind Ideen, Gedanken oder Projektvorschläge. Entweder man setzt eine Idee am Ende um oder eben nicht. Und genau in der Umsetzung lauern in meiner Welt potenzielle Fehlerquellen. Meist sind das lediglich Schludrigkeiten einzelner Mitarbeiter. Fehlende Kontrolle ist in meiner Branche allerdings das Hauptproblem – schnell, schnell, zack,

zack und immer alles unter Zeitdruck fertigmachen. Und genau dieser Umstand ist der Killer. Vertrauen ist gut, Kontrolle ist besser – das haben wir schon während der Ausbildung gehört. Aber fassen wir uns mal an die eigene Nase: Am Ende ist es unsere Schuld als Unternehmer, wenn innerhalb des Teams schludrig gearbeitet wird. Tippfehler im Onlinebereich sind in Sekundenschnelle ausgemerzt. Peinlich genug, wenn man vom Kunden darauf angesprochen wird. Noch peinlicher aber wird es, wenn beispielsweise Funktionen einer Webseite oder eines Onlineshops nicht so funktionieren, wie sie sollen. Und warum? Weil die banalsten Tools oder Funktionen einfach nicht getestet wurden. Wie gesagt: Im Onlinebereich lässt sich das alles mehr oder minder im Handumdrehen und somit ohne Kosten bereinigen. Wenn wir aber offline schauen, dann wird's schon richtig peinlich: Ich schaue in Richtung so genannter Druckfehler. Wobei dieser Ausdruck völlig falsch ist. Die Druckmaschine druckt, was sie zu drucken bekommt. Wenn kein Komma gesetzt wurde, druckt sie keins. Und wenn ein Buchstabe zu viel in einem Wort vorkommt, dann druckt sie ihn. Es ist also kein Druckfehler. Es ist ein Menschenfehler. Und warum? Weil nicht professionell gearbeitet wurde. Ein Druckfehler ist auch nicht der falsche Farbton oder die fehlende Lackveredelung. Das sind alles Menschenfehler.

# WIE UMGEHEN MIT DEM GESCHOSSENEN BOCK?

In der grafischen Branche gilt schon immer die Ansage, zum Beispiel Adressdaten von der bestehenden Kundenwebseite in die neu zu erstellende Visitenkarte zu kopieren. ZU KOPIEREN. Nicht neu zu tippen. Denn da können Menschenfehler passieren. Und wer schon mal einen Text geschrieben hat, der weiß, dass einem selbst Tippfehler oftmals nicht auffallen. Aber weil sich ja jeder super sicher und als Profi fühlt, wird einfach durchgezogen und die Datei dem Kunden zur Freigabe geschickt. Bleiben wir bei der banalen Visitenkarte. Von zehn Kunden lesen sich den Straßennamen oder gar die Postleitzahl maximal zwei mit Hirn und Verstand durch. Die überwiegende Zahl der Kunden schaut drüber, findet die Datei bestenfalls schick und gibt das Okay zum Druck – zack, ist das Kind in den Brunnen gefallen. Wer ist schuld? Der Kunde. Er hat's ja schließlich so beauftragt. Formaljuristisch ist das so. Aber wer sich in diesem Fall aus der Affäre ziehen will, der handelt schlichtweg dumm. Der Fehler ist dem Werbemenschen, dem Grafiker, der Agentur, dem Berater passiert. Punkt. Das sollte zwar nicht passieren. Es kann aber passieren. Und deswegen sollte es im Unternehmen feste und nicht wegdiskutierbare Kontrollmechanismen geben. Ist ein Bock geschossen worden, dann muss damit auch entsprechend erwachsen umgegangen werden.

# SORRY, MEIN FEHLER

Und jetzt fassen wir uns mal an die eigene Nase: Wie cool ist es denn, wenn jemand einen Fehler zugibt, sich auf Augenhöhe entschuldigt und symbolisch zur Wiedergutmachung etwas rausspringen lässt? Das kann eine Flasche Schampus sein, zwei Eintrittskarten zur örtlichen Veranstaltung oder eine gleichwertige Aufmerksamkeit in diese Richtung. Vielleicht lässt es dein Business ja zu, dass du als Winzer einfach nur einen guten Tropfen aus dem Regal zu nehmen brauchst. Oder als Klamottenhändler kannst du einen Gutschein ausstellen, wenn irgendwo der Wurm drin war. Wichtig: Sei nicht zu kleinlich! Wenn es vielleicht auch ein bisschen „drüber" ist – DAS ist die beste Werbung. DAS erzählt der Kunde weiter. DAS macht dich attraktiv und sympathisch. DAS dient deinem Geschäft! Natürlich passieren bei mir auch Menschenfehler. Und dann schaue ich in meinen Kessel Buntes, was ich da Nettes herausfischen kann. Das können beispielsweise tausend Visitenkarten sein, die ich dem Kunden überreiche – erstmals mit einer speziellen Veredelung. Das kann eine UV-Lackierung auf dem Logo sein, die es haptisch und visuell spannend macht. Das findet jeder super. Und in meinem Fall kann ich sagen: Bei der nächsten Visitenkartenbestellung – bleiben wir mal bei diesem banalen Beispiel – wird die ganze Belegschaft plötzlich supergeil veredelte Visitenkarten bekommen.

Wer ein professionelles Fehlermanagement betreibt, der wird davon profitieren. Schaue in dieser Sache mal zurück: Was wurde zuletzt mal falsch gemacht, beziehungsweise wo wurde seitens der Mannschaft irgendein Bock geschossen? Wie bist du als der Verantwortliche vor dem Kunden damit umgegangen? Auch für solch einen Fall kann ich aus meiner Erfahrung und aus fester Überzeugung sagen: Wer gibt, der wird zurückbekommen.

# HALLO MITTELSTAND!

Auf meiner Webseite erfährst du alles zur exklusiven Mittelstandsberatung für kleine und mittlere Unternehmen. Ich zeige dir, wie du mit meinem individuell für dein Unternehmen entwickelten Marketingkonzept mit 360-Grad-Rundumblick endlich im Markt sichtbar wirst.

35 Jahre Erfahrung im Marketing und selbst Gründer eines KMU mit über 20 Mitarbeitern weiß ich, worauf es ankommt, was wirkt und was nicht. Klare Sprache, kein Blabla, bodenständig und auf Augenhöhe.

Sichere dir als Buchkunde jetzt **eines von nur 100 möglichen VIP-Marketingkonzepten** pro Jahr.

Ab sofort hast du mit mir nur noch einen Ansprechpartner für deine komplette Außendarstellung, Kommunikation, dein Marketing und deine Vertriebsunterstützung. Es bleiben keine Fragen offen.

Aus dem „notwendigen Übel" Marketing entwickle ich deinen Vertriebsmotor für mehr Erfolg!

Gehe jetzt auf **www.nils-brennecke.de** oder scanne den QR-Code und sichere dir die unverzichtbare Grundlage für den Aufbau eines wirkungsvollen Marketings: mit einem VIP-Marketingkonzept von Nils Brennecke – dem Mittelstandberater.

# DER MITTELSTAND IM GESPRÄCH

## CHRISTINA DIEM-PUELLO, GRÜNDERIN UND GESCHÄFTSFÜHRERIN DER DD DEUTSCHE DIENSTRAD GMBH

Christina Diem-Puello ist Gründerin und Geschäftsführerin der DD Deutsche Dienstrad GmbH. Sie zählt zu den „Top 40 unter 40" (2022), den 40 Top-Entscheidern Deutschlands, ermittelt vom Magazin Capital. Das Handelsblatt ehrte sie als eine der „Top 50 Unternehmerinnen in Deutschland" (2022). Markt und Mittelstand wählte sie 2023 zu einer der „100 wichtigsten Frauen im Mittelstand". Im selben Jahr wurde sie mit dem Role Model Award in der Kategorie „Gründerin" ausgezeichnet.

Als Mitglied im Bundesvorstand des Verbands deutscher Unternehmerinnen (VdU) engagiert sich Diem-Puello ehrenamtlich. Hier und in verschiedenen anderen Formaten setzt sie sich aktiv für die Förderung weiblicher Unternehmerinnen ein und unterstützt sie bei der Bewältigung unterschiedlicher unternehmerischer Herausforderungen. Durch ihre Aktivitäten im Bereich des Female Empowerments trägt sie entscheidend dazu bei, die Sichtbarkeit und Wertschätzung weiblicher Unternehmerinnen – vor allem im deutschen Mittelstand – zu fördern.

Ein Thema, das in diesem Buch bisher mehrmals zur Sprache kam, ist das so genannte Employer Branding: Unternehmen setzen vermehrt auf eine Positionierung als attraktiver Arbeitgeber. Auf klassische Produktwerbung wird dabei komplett verzichtet. Was in diesem Zuge auch immer genannt wird, sind die so genannten Mitarbeiter-Benefits. Mittlerweile steht gefühlt jede Firma mit ihrer Nachbarfirma im Wettbewerb – ums Personal. Mitarbeiter sind grundsätzlich Mangelware. Da muss

nils-brennecke.de

schon mächtig aufgerüstet werden, um es der Belegschaft kuschelig zu machen. Ein Benefit, der weit verbreitet ist, ist das Dienstradleasing. Um die 30 Prozent der deutschen Unternehmen bieten das bereits an. Denn: Radeln ist so beliebt wie schon lange nicht mehr. Die Chefs freut's, trägt es doch zur Gesunderhaltung bei. Befeuert durch die zurückliegende Corona-Pandemie erlebte die Fahrradbranche einen regelrechten Bilderbuchboom, der kein Ende zu finden scheint. Statistisch gesehen soll sich in 90 Prozent aller Haushalte hierzulande mindestens ein Fahrrad befinden.

Dass dies so bleibt und noch mehr wird, wünscht sich Christina Diem-Puello (Jahrgang 1988). Ihr Großvater ist der Gründer einer der bekanntesten Fahrradmarken in Europa: Winora. Auch ihr Urgroßvater war schon als Händler im Fahrradgeschäft tätig.

Ihre Eltern entwickelten 2010 unter der Marke HIBIKE das erste E-Performance Offroad-E-Bike. HIBIKE gilt bei Mountainbike-Fans längst als der „Mercedes" unter den E-Mountainbikes. Da ist es nicht verwunderlich, dass der jüngste Spross der Fahrradfamilie mit ihrer über 100-jährigen Expertise in diesem Bereich auch einen Fußabdruck in dieser Branche hinterlässt. Und wenn es nach Christina geht, dann einen möglichst $CO_2$-neutralen. Sie ist ein Gesicht der Mobilitätswende in Deutschland. Seit Gründung 2020 hat sich ihre DD Deutsche Dienstrad GmbH, die sie zusammen mit ihrem Mann Maximilian führt, zum Branchenprimus gestrampelt. Christina Diem-Puello gilt als Vorzeigegründerin und heimst einen Start-up-Preis nach dem anderen ein. Drei Jahre nach Gründung beschäftigt das Unternehmen mit Sitz im unterfränkischen Schweinfurt schon 50 Mitarbeiter. Das neue Firmengebäude bietet Platz für 50 weitere – es werden bereits Wetten abgeschlossen, wann es aus allen Nähten platzen und zu klein sein wird.

Die Arbeitnehmerinnen und Arbeitnehmer in Deutschland sind Dienstrad-verrückt – und die Hersteller kommen mit der Produktion kaum nach. Mit Christina Diem-Puello habe ich darüber gesprochen, wie sie es geschafft hat, Ihr Start-up in kürzester Zeit zum Marktführer zu machen und welchen Stellenwert dabei insbesondere Social Media hat:

**Nils Brennecke: Alle Welt spricht vom Dienstradleasing, gefühlt wirft jedes Unternehmen hierzulande dieses Thema als Benefit in den Ring, wenn es ums Mitarbeiter-Recruiting geht. Erklären Sie doch bitte mal, was Dienstradleasing überhaupt ist, wie das funktioniert und welche Vorteile sich daraus für Arbeitnehmer ergeben?**
Christina Diem-Puello: Dienstradleasing ist ein Mitarbeitendenprogramm, dass es Arbeitgebern ermöglicht, ihren Mitarbeitenden Fahrräder kostenbewusst und nachhaltig über individuelle Raten monatlich zur Verfügung zu stellen. Kostenneutral für das Unternehmen. Das Fahrrad kann dabei sowohl beruflich als auch privat genutzt werden. Es ist ein Konzept, dass ganz klar den häufigeren, als auch bewussteren Gebrauch von Fahrrädern als umweltfreundliches Verkehrsmittel fördern soll. In einer bisweilen stark Auto-dominierten Gesellschaft ist es als potenzielles Verkehrsmittel erster Wahl etwas in den Schatten geraten, obgleich es seit Jahrhunderten existiert. Aufgrund aber seiner Attraktivität, dem einfachen Handling, der gesteigerten Leistung durch den E-Antrieb gewinnt das Fahrrad, besonders mit dem Dienstradmodell,

wieder an regem und bewusstem Zuspruch in Sachen Mobilität. Gleichzeitig unterstützt es die Gesundheit der Mitarbeitenden. Mental als auch physisch. Was in Zeiten von Überlastung und Burnout präventiv nicht zu verkennen ist. Gesellschaftlichen Wünschen entspricht es durch den Wandel des Nutzens anstatt Besitzens und dem tiefen Wunsch einer klimaneutralen Welt. Vor allem einer lebenswerten Zukunft unser aller als auch der nächsten Generationen.

Der Ablauf beim Dienstradleasing ist einfach und nutzerfreundlich. Arbeitgeber schließen eine Vereinbarung mit einem Dienstradleasinganbieter ab. Dieser Anbieter deckt im Idealfall, dass Rundum-sorglos-Paket ab. Das heißt, vom Rahmenvertrag über eine digitale Plattform, dem Versicherungsschutz, einem persönlichen Kundenservice, Wartung und Reparatur als auch natürlich der aktiven Anbindung der Dienstradplattform an den Fachhandel ist alles inkludiert. Ab dieser vertraglichen Regelung können Arbeitnehmende anschließend das Dienstradleasing starten. Die Leasingdauer beträgt 36 Monate, die monatliche Leasingrate kalkuliert sich aus der Modellwahl. Somit kann man individuell nach seinen Bedürfnissen und seiner Einkommensverfügbarkeit entscheiden. Das macht das Dienstrad besonders attraktiv, denn es ist für jeden Arbeitnehmenden damit zugänglich. Eine maximale Budgetgrenze deckelt das Programm. Die Leasingraten werden direkt vom Bruttogehalt des Arbeitnehmenden abgezogen, was steuerliche Vorteile mit sich bringt. Nach Ablauf der Leasingperiode kann der Arbeitnehmende entscheiden, ob er das Fahrrad zu einem Restwert erwirbt oder es an den Leasinganbieter zurückgibt, um ein neues Modell zu leasen. Das ist besonders spannend, weil man permanent auf eine neue Technik zugreifen und sich stets einem geänderten Nutzungsverhalten anpassen kann. Viele Einsteiger kommen wahrlich in den Fahrspaß, weil sie ein neues oder altbewährtes Hobby (wieder) entdecken, so dass sich bei der erneuten Leasingwahl nach 36 Monaten das Modell oftmals spezialisiert. Arbeitnehmende erhalten vorteilhaft Zugang zu hochwertigen Fahrrädern, sparen Geld bei der Anschaffung und Wartung und können von den gesundheitlichen Vorteilen des Radfahrens profitieren. Das Modell ist eine effektive Möglichkeit, die eigene nachhaltige Mobilität und die persönliche Gesundheit zu fördern. Mit Freude.

**In kürzester Zeit haben Sie Ihr Unternehmen in einem unglaublich umkämpften Business als technologischen Marktführer in Stellung gebracht. Was machen Sie anders als die Konkurrenz?**

⌐Ich weiß nicht genau, was die anderen machen, aber ganz genau, was ich tue.⌐ Ich sehe bei Deutsche Dienstrad einen grandiosen Mitgründer, meinen Ehemann Maximilian Diem. Seine Expertise im beratenden Unternehmertum und Bankwesen ist beeindruckend und hinterlässt in allem, was wir tun, ebenso auch seine Handschrift neben meiner. Vor allem schreiben noch zig weitere einzigartige Menschen unsere Unternehmensgeschichte als auch unsere Strategie mit: unser Team. Wir setzen auf Menschen, die mit einer Berufung die Deutsche Dienstrad beflügeln und wahre Intrapreneure sind. Fachexpertise in allen Bereichen und Ebenen sind bei uns vertreten.⌐Unser klarer Fokus liegt darauf, was sich Menschen bei Benefit-Programmen wünschen und Arbeitgebern es leicht macht diesen nachzukommen: smarte, leane, digitale Lösungen mit dem Funken persönlichen Kontakts bei individuellen Fragen und Anliegen. Das liefern wir⌐ Jeden Tag. Dabei fährt eine über

100-jährige Familiengeschichte und dadurch auch maximale Erfahrung in der Radbranche mit uns mit. Ein facettenreicher Mix, der getreu meinem Motto „Zukunft braucht Herkunft" nicht nur manifestierend für uns als Unternehmen ist, sondern zugleich auch wegweisend. Mit unserem Wertemodell eines etablierten Familienunternehmens als auch unserem technologischen Spirit sind wir zur digitalen Nummer eins der Branche geworden und das in wenigen Jahren.

**Neben Ihrem Fokusthema Dienstradleasing treiben Sie das Thema Female Leadership voran. Mehrere Tage in der Woche sind Sie daher bundesweit als Speakerin, insbesondere in Ihrer Rolle als Vorstandsmitglied des Verbands deutscher Unternehmerinnen, unterwegs. Sie produzieren selbst eigenen Content für Ihre Social-Media-Kanäle und sprechen im ganzen Land mit Frauen über deren Rolle in Führungspositionen. Inwieweit hat sich die Rolle der Frau im deutschen Mittelstand in den vergangenen zehn Jahren verändert?**

In den vergangenen Jahren hat sich die Rolle der Frau in unserer Gesellschaft grundlegend gewandelt. Dieser Wandel wurde durch verschiedene Faktoren beschleunigt und hat zu einer bedeutenden Veränderung unserer sozialen und wirtschaftlichen Strukturen geführt. Eine der wichtigsten Triebkräfte für diese Veränderung war die verstärkte Emanzipation der Frauen, die sich nicht länger auf traditionelle Geschlechterrollen beschränken wollten. Frauen haben begonnen, vermehrt Bildungschancen zu ergreifen und in Bereichen zu arbeiten, die zuvor als männlich dominiert galten. Dies hat zu einem Anstieg der weiblichen Arbeitskräfte in allen Branchen geführt und die Wirtschaft insgesamt gestärkt. Working Moms, Männer in Elternzeit, Führungskräfte in Teilzeit, Jobsharing-

Modelle, Success Stories junger Gründerinnen und auch Unternehmens-nachfolgerinnen setzen hierfür Meilensteine. Social Media schaffte on top durch aufweckende Postings, scharfe Diskussionen und einer wach-senden Anzahl an Role Models auf verschiedenen Netzwerkplattformen eine mediale große weltweite Bühne – mit Hebelwirkung.

Diese vielfältigen gesellschaftlichen Veränderungen haben ein stärkeres Bewusstsein in der Welt geschaffen. Politische Maßnahmen und Geset-ze zur Förderung der Geschlechtergleichheit haben genauso eine wich-tige Rolle gespielt.

Doch jetzt kommt das großer Aber: Trotz dieser Fortschritte gibt es im-mer noch einige Schieflagen und Herausforderungen, die angegangen werden müssen. Frauen sind immer noch unterrepräsentiert in Füh-rungspositionen, in Vorstandsposten und verdienen oft weniger als ihre männlichen Kollegen für die gleiche Arbeit. Es gibt auch immer noch Stereotypen und Vorurteile gegenüber Frauen in bestimmten Berufen und Branchen. Das muss sich ändern. Als Bundesvorstand des Verban-des deutscher Unternehmerinnen (VdU) und Role Model für Gründung und Unternehmertum ist es mir eine Herzensangelegenheit und Passion, diese Schieflagen anzugehen. Wir setzen uns aktiv für die Förderung von Frauen in der Wirtschaft ein und arbeiten daran, die Geschlechterun-gleichheit zu beseitigen. Wir bieten Unterstützung, Netzwerkmöglich-keiten, Austausch, Informationen und Ressourcen, um Frauen dabei zu helfen, in ihren Karrieren erfolgreich zu sein.

⌐Es ist entscheidend, dass wir weiterhin gemeinsam daran arbeiten, die Geschlechtergleichheit voranzutreiben und sicherzustellen, dass Frauen die gleichen Chancen und Möglichkeiten haben wie Männer.⌐ Dies ist nicht nur eine Frage der Gerechtigkeit und Moral, sondern auch eine wichtige Voraussetzung für eine florierende und vielfältige Wirtschaft.

**Stichwort Social Media: Es vergeht kaum ein Tag, an dem Sie nicht auf Ihren Kanälen etwas posten. Texte, Fotos, Interviews, Videoclips – der Content muss wohlüberlegt produziert werden. Wie schaffen Sie es, neben Ihrer Rolle als Unternehmerin, auch Ihrer Rolle als wichtige Business-Influencerin mit bald 17.000 Followern bei LinkedIn nachzukommen?**

Als erfolgreiche Influencerin, Geschäftsfrau und engagierte Ehrenämterin ist für mich Organisation und Fokus von entscheidender Bedeutung. Es erfordert eine ausgewogene Mischung aus Disziplin, Zeitmanagement und nicht zu verkennen auch Me Time, um meiner Community regelmäßig wertvollen Content zu bieten, persönliche Kommunikation zu pflegen und gleichzeitig meine innere Balance zu bewahren. Eine effiziente Organisation ist der Schlüssel zum Erfolg. Ich arbeite mit einem strukturierten Zeitplan, um meine beruflichen und ehrenamtlichen Verpflichtungen zu koordinieren. Das bedeutet, klare Prioritäten zu setzen und weitere Aufgaben zu delegieren, wenn nötig. Ich erstelle oft wöchentliche und monatliche Ziele, um sicherzustellen, dass ich meine Ziele erreiche und meinen eigenen Content kontinuierlich verbessere. Die direkte persönliche Kommunikation mit meiner Community ist mir besonders wichtig. Das erfordert Zeit und Aufmerksamkeit. Ich nehme mir bewusst Zeit, um auf Kommentare, Nachrichten und Feedback von meinen Followern zu reagieren. Diese persönliche Verbindung stärkt das Vertrauen und die Bindung zu meiner Community und sorgt dafür, dass sie sich wertgeschätzt und gehört fühlt. Ich liebe den Dialog und den Mehrwert, den man gegenseitig daraus gewinnt. Ein weiterer entscheidender Faktor ist die innere Balance. Die Welt des Influencer-Marketings und parallel eine Geschäftsführung kann stressig sein, und der Druck, immer präsent zu sein, ist von außen hoch gesetzt. Deshalb lege ich großen Wert auf Achtsamkeit. Regelmäßige Auszeiten, gesunde Ernährung und Sport sind Teil meiner Routine, um meine physische und mentale Gesundheit zu erhalten. Ich erkenne auch, wann es Zeit ist, Pausen einzulegen und mich zu erholen, um Überlastung und Burnout zu vermeiden. Das Jonglieren zwischen Influencer-Tätigkeit, Geschäftsführung und ehrenamtlichem Engagement braucht einfach Fokuszeiten und Planung.

**Sie sind regelmäßig eine gefragte Gesprächspartnerin in Podcasts und Videoblogs unterschiedlicher Unternehmen und Organisationen. In diesem Zusammenhang sehen Sie, was auch andere Firmen für einen Aufwand treiben, um nach außen sichtbar zu werden. Welchen personellen und technischen Aufwand betreiben Firmen im Durchschnitt, um hier Schritt zu halten und was kostet so ein professioneller Social-Media-Apparat in etwa im Jahr?**
Die Kosten für einen professionellen Social-Media-Apparat können stark variieren. Kleinere Unternehmen könnten möglicherweise mit einem Team von wenigen Personen auskommen, während große Konzerne erheblich mehr investieren. Die jährlichen Kosten könnten von mehreren zehntausend bis zu mehreren Millionen Euro reichen, abhängig von den oben genannten Faktoren und den spezifischen Anforderungen des Unternehmens.

Es ist wichtig zu beachten, dass der Erfolg in den sozialen Medien nicht nur von der finanziellen Investition abhängt, sondern auch von der Qualität des Contents, der Interaktion mit der Community und der Fähigkeit, auf sich ändernde Trends und Nutzerverhalten zu reagieren. Eine effektive Social-Media-Strategie erfordert eine klare Planung und kontinuierliche Anpassungen.

**Wie messen Sie selbst Ihre Präsenz in Social Media in Bezug auf Ihren wirtschaftlichen Erfolg?**

Wir messen unsere Präsenz in den sozialen Medien hauptsächlich anhand der Fähigkeit, die Zielkunden zu identifizieren, die durch unsere digitalen Aktivitäten angesprochen wurden und zu verfolgen, wer letztendlich einen Vertrag mit uns abschließt. Dies gilt nicht nur für die sozialen Medien, sondern funktioniert auch im Offline-Modus. Die Verbindung zwischen Offline- und Online-Aktivitäten ist entscheidend, nur beides kann miteinander florieren. Dabei ist der persönliche Bezug stets wichtiger als die rein digitale Strategie.

**Ihre Familie ist seit Generationen international unternehmerisch tätig. Sie haben zweifellos das Unternehmergen geerbt. Ihr Tipp an andere Firmen im Mittelstand: Wie wichtig ist es inzwischen, ein ausgeklügeltes Marketingkonzept zu haben, wenn man sein Produkt, seine Dienstleistung, seine Brand erfolgreich im Markt platzieren will?**

Für mich ist das ganz klar und bündig erklärt: Fokus. Zielgruppenanalyse. Zugeschnittene Kundenprodukte. All das platziert wo sich meine Kunden auch wirklich aufhalten und wo sie die notwendige Aufmerksamkeit haben, Informationen zu konsumieren, zu verarbeiten und zu verwerten.

**Welche Fehler kann ein KMU aus Ihrer Sicht machen, wenn der Chef ausruft: Heute starten wir in Social Media voll durch?**

Wenn ein Unternehmen sich uninformiert und ungeplant auf Social Media präsentiert, kann dies zu einer Vielzahl von Problemen und negativen Folgen führen, davon bin ich überzeugt. Ohne klare Zielsetzung und Strategien kann eine Social-Media-Präsenz schnell in die ganz falsche Richtung drehen. Unternehmen müssen sich darüber im Klaren sein, was sie erreichen möchten, bevor sie aktiv werden. Jede Social-Media-Plattform hat ihre eigenen Zielgruppen und Eigenheiten. Das unüberlegte Hinzufügen auf allen Plattformen kann dazu führen, dass das Unternehmen auf keiner wirklich erfolgreich ist. Hier zählen der Perfect Fit und klare Botschaften. Ein Mangel an Planung kann dazu führen, dass Unternehmen widersprüchliche oder unklare Botschaften kommunizieren, was das Vertrauen der Zielgruppe extrem schmälert und allgemein ins Wanken bringt. Ohne eine gründliche Analyse der Zielgruppe und ceren Bedürfnisse kann das Unternehmen Inhalte erstellen, die nicht relevant oder ansprechend sind. Viele gehypte Schnellschussaktionen von Unternehmen verblassen schnell, wenn es darum geht, kontinuierlich an einem Projekt oder Neuprozess dranzubleiben. Gerade wenn man uninformiert, ohne Erfahrungsaustausch und mit mangelnder Compliance-Betrachtung herangeht. Social Media erfordert aktive Interaktion mit der Community im Rahmen von gesetzlichen Vorschriften, die es zu beherzigen gilt. Unternehmen, die einfach Inhalte veröffentlichen und keine Zeit für das Engagement aufwenden, werden wahrscheinlich nicht erfolgreich sein. Es erfordert Geduld und Konsistenz für langfristigen Erfolg.

**Ihr Rat an Unternehmer, die online plötzlich – aus welchem Grund auch immer – einem Shitstorm ausgesetzt sind?**

Ruhe bewahren. Haltlose Vorwürfe decken sich zumeist schnell auf, denn die User sind hinterfragend und beschäftigen sich mit Themen – natürlich auch mit aufsehenerregenden. Authentizität ist für mich nicht nur persönlich, sondern gerade auch im Employer Branding meines Unternehmens Deutsche Dienstrad der Schlüssel.

**Was entgegnen Sie einem mittelständischen Unternehmer, der sagt, dass er mit Social Media nichts am Hut haben will?**

Ich würde ihm raten, dass er einen Menschen einstellt, der darauf Lust hat. (lacht) In einer Zeit, in der die digitale Präsenz und Kommunikation so wichtig sind, kann die Ignorierung der sozialen Medien für ein KMU-Unternehmen echte Nachteile mit sich bringen. Die Präsenz in den sozialen Medien bietet die Möglichkeit, mit der heutigen stark vernetzten Welt in Kontakt zu treten und die Beziehungen zu Kundenkontakten, Partnerkreisen und Bewerbenden zu stärken. Es ist eine Investition in die Zukunft und das Wachstum eines Unternehmens. Im digitalen Zeitalter nutzen potenzielle Kunden, Partner und vor allem auch Bewerbende die sozialen Medien als Informationsquelle. Wenn ein Unternehmen in diesen Plattformen nicht präsent ist, könnten viele Menschen Schwierigkeiten haben, dieses überhaupt zu finden oder sich über Produkte oder Dienstleistungen umfänglich zu informieren. Es zählt Sichtbarkeit. Zugleich bieten soziale Medien eine direkte Möglichkeit zur Kommunikation mit einer Zielgruppe. Kundenfragen, Feedback, Kommentare oder Beschwerden gilt es zu betreuen. Dies zeigt Engagement und Kundenservicebereitschaft. Dadurch entsteht Vertrauen, Image und Glaubwürdigkeit. Im betriebswirtschaftlichen Kontext sollte man bedenken, dass soziale Medien kostengünstige Möglichkeiten für Marketing und Werbung anbieten. Mittels zielgruppenorientierter Anzeigen hat man die effektive Möglichkeit, neue Kunden zu gewinnen und bestehende Kunden zu binden. Denn die Konkurrenz schlummert nicht. Viele nutzen die sozialen Medien, um sich zu präsentieren. Eine Vernachlässigung dieser Plattformen schmälern die Wettbewerbsfähigkeit und letztendlich Marktanteile. Das gilt in selbem Maße für die Wettbewerbsfähigkeit am Bewerbendenmarkt. Jobs werden online gesucht, mobile optimiert. Durch eine Social-Media-Präsenz recherchieren Interessierte nicht nur, sondern bewerben sich auch via One-Click mittlerweile vorzugsweise smart bei attraktiven, digitalen Arbeitgebern. Was viele auch strategisch nicht bedenken ist, dass wir in den vergangenen Jahren und auch aktuell Krisenzeiten ausgesetzt waren und durch politische Unruhen ausgesetzt sind. Soziale Medien sind auch wichtig für das authentische Krisenmanagement einer Unternehmung. Direkte Kommunikation erreicht mit wenig Aufwand unzählige User und so kann das Vertrauen von Kunden erhalten bleiben.

**Eine Sache, die aktuell die Gemüter spaltet: Was halten Sie als moderne, junge Frau und erfolgreiche Arbeitgeberin davon, dass manche Firmen die so genannte „Gendersprache" eingeführt haben? Fühlen Sie sich als Frau in irgendeiner Weise weniger wertgeschätzt, wenn – wie auch ich in diesem Buch – auf dieses Sternchen oder gar ganze Wortneuschöpfungen, die meist sogar grammatikalisch komplett falsch sind, verzichtet wird? Kann es Firmen personell eventuell auch schaden, wenn Arbeitgeber dieser Modeerscheinung folgen?**

Ich gendere bewusst und finde es wichtig, weil es uns ermöglicht, den Faktor Mensch – und nicht vorwiegend den Mann – in unserer Kommunikation vollumfänglich anzusprechen. Unsere Sprache entwickelt sich ständig weiter, genau wie unsere Kultur und unsere Ansichten. Das geschlechtergerechte Sprechen reflektiert diese Entwicklung und zeigt Respekt für die Vielfalt und die individuellen Identitäten unserer Mitmenschen, aus meiner Sicht heraus. So leben wir es auch offen in unserem Team, was sehr begrüßt wird und gut ankommt. Es ist ein Schritt hin zu einer inklusiveren Gesellschaft, in der sich jeder anerkannt und respektiert fühlen kann. Genauso verhält es sich auch mit der aktiven internen Du-Kultur, die wir von der Bewerbungsansprache an leben. Diese direkte Anrede ändern wir jederzeit gerne und selbstverständlich von „DU" auf „SIE", wenn es für unsere Gesprächspartner*innen wichtig ist. Mir ist es ein Anliegen, dass wir sprachlich den Wandel hin zu einer geschlechtergerechteren Sprache begrüßen und nutzen. Warum? Um eine offene und respektvolle Kommunikation zu fördern.

# KAPITEL 12

# KLEINE GESCHENKE ERHALTEN DIE FREUNDSCHAFT

Etwas, was zum Standard in deiner Firma zählen sollte, sind Werbege-schenke. Der ein oder andere wird jetzt sagen: Klar, wir haben Kugel-schreiber und Feuerzeuge am Start. Ich meine aber nicht diese Streu-artikel, die man durchaus hier und da mal verteilen kann. Ich meine sinnvolle, wirksame und deswegen nachhaltige Produkte, mit denen der oder die Beschenkte auch wirklich etwas anfangen kann. So banal ma-che Artikel sind, so gut kommen sie bei den Beschenkten an.

Ich persönlich halte rein gar nichts von den typischen Weihnachtskarten und der obligatorischen Weinflasche dazu. Laaangweilig. Damit fällst du nicht auf. Damit wirst du unter ferner liefen abgehakt. Du kennst es doch selbst: die Flut an Weihnachtskarten jedes Jahr – aus dem Umschlag di-rekt in den Mülleimer. Du bekommst so viele Weihnachtskarten, dass dir wahrscheinlich am Ende keine so richtig in Erinnerung bleibt. Ich hatte hierzu ein Schlüsselerlebnis: Noch zum Jahresende sollte ich für einen Kunden eine neue Recruiting-Kampagne entwickeln. Das letzte Meeting mit den Leuten von der Personalabteilung stand an. Getroffen haben wir uns im Besprechungsraum der Firma. Als ich den Raum betrat, fiel mein Blick sofort auf eine riesige Menge in Cellophanfolie gehüllte Wein- und Sektflachen, Feinkostpäckchen, Lebkuchen und anderes Gedöns. An den meisten Geschenken waren gar keine Karten dran. Das alles waren von Lieferanten oder Geschäftspartnern abgelieferte Aufmerksamkeiten zum Jahresende. Aufgrund von strengeren Compliance-Regeln, insbesondere in Großunternehmen, geht dieser Trend dort langsam zurück. Im Mittelstand, insbesondere bei KMU, ist das wurscht. Ich bin mir ziemlich sicher, dass niemand in der Firma jedes dieser in Cellophanfolie gehüllten Geschenke zuordnen konnte. Wo ist der Sinn in einem Geschenk, wenn sich der Beschenkte womöglich gar nicht darüber freut – und noch schlimmer: gar nicht mehr weiß, was von wem ist. An diesem Tag habe ich mir geschworen, meinen Kunden nie mehr Weihnachtsgeschenke zu machen. Und so kam ich auf die Idee mit dem Sommer-Mailing.

# WEIHNACHTEN BITTE IGNORIEREN

Daher mein Tipp: ⌐Ignoriere Weihnachten, vergiss die Weihnachtskarte. Mach doch stattdessen ein geiles Mailing vor den Sommerferien. Das macht sonst keiner.⌐ Ich garantiere dir: Damit hast du die gesamte Aufmerksamkeit deiner Kunden, Partner, Freunde – von wem auch immer – sicher.

Bedanke dich für die nette Zusammenarbeit im ersten Halbjahr und wünsche eine schöne Sommerzeit. Statt hässlicher Weihnachtskarte verschickst du cool gemachte Sommer-Mailings mit der 100-prozentigen Spaßgarantie. Zu dem netten Gruß legst du ein sinnvolles Giveaway. Das kann zum Beispiel eine Sonnenbrille sein – bedruckt mit deinem Logo. Das kann ein Fläschchen Sonnenmilch inklusive Aftersun sein, ein Wasserball, trendige Badelatschen, ein Strandlaken, ein Beachball-Set – alles ist bedruckbar.

Je nach Branche finden wir für dich ein passendes Geschenk für deine Kunden und Geschäftspartner. Ich würde hier auch nicht auf den Cent schauen. Ob das Geschenk nun zwei, drei Euro mehr kostet, ist doch egal. Aber mit zwei, drei Euro mehr, die du sonst vielleicht für deine möglicherweise untergehende Weihnachtspost ausgegeben hast, können wir eine richtig geile Aussendung kreieren.

Fassen wir zusammen: Wenn du dich bei deinen Kunden zeigen möchtest, dann ist die Chance auch wirklich gesehen zu werden um ein Vielfaches größer, wenn du auf das öde Weihnachtskarten-Mailing verzichtest und einen pfiffigeren Weg wählst – antizyklisch.

# AN DIE EIGENE BELEGSCHAFT DENKEN

Ansonsten ist die Sache ja klar: Kleine Geschenke erhalten die Freundschaft. Als Unternehmen, das in der Bau- und Immobilienwirtschaft angesiedelt ist, ist ein Evergreen der gute alte Zollstock. Längst kann man sie vollflächig in Fotoqualität bedrucken. Maßband oder Wasserwaage sind ebenso Produkte, die als Werbegeschenk Sinn machen. Natürlich wäre es ziemlich schräg, würde der Friseur einen Zollstock verschenken. Wenn er aber ein Handtuch mit dezentem Logostick oder Bodylotion mit einem komplett individuellen Etikett verschenkt, dann wird es schon sinnvoller. Die Möglichkeiten sind längst so vielfältig – der Markt der Giveaways ist nur noch schwer zu überschauen. Ob Bluetooth-Lautsprecher oder Handyzubehör, ob Produkte rund ums Auto, Fahrrad oder Sport – deine Kunden werden sich über deine symbolische Aufmerksamkeit freuen. Wichtig: wenn sie sinnvoll und durchdacht ist. Du kannst derlei Geschenke auch etwa an einen bestimmten Umsatz, an eine bestimmte Regelmäßigkeit, idealerweise an den Geburtstag oder ein anderes Datum koppeln. Erwiesenermaßen bleiben vor allem Geburtstagsgeschenke in unserer Erinnerung – eher als die zu Weihnachten.

Es gibt sogar Anbieter, die liefern schicke Werbegeschenke in Stückzahl eins. Zum Testen wäre dies beispielsweise eine gute Möglichkeit. Kommt das Geschenk gut an? Wie fällt die Reaktion aus?

Natürlich sollte die eigene Belegschaft nicht vergessen werden. Die freuen sich genauso über eine kleine, motivierende Aufmerksamkeit. Mir hat mal ein Brauereibesitzer folgendes gesagt: „Ich schenke meinen Mitarbeitern regelmäßig die hochwertigste Outdoorjacke, die ich bekommen kann. Denn sie tragen die Jacke mit unserem Logo auf dem Rücken nicht nur während der Arbeitszeit. Sie tragen sie zum größten Teil auch in ihrer Freizeit, am Wochenende, beim Hobby, weil die richtig schick und gut verarbeitet ist. Unsere Marke wird dadurch noch sichtbarer. Sie sind stolz drauf und somit ein sehr wertvoller Multiplikator für die Firma." Es ist manchmal so einfach.

# KLEINES GESCHENK MIT GROSSER WIRKUNG

Ein anderes Beispiel aus der Sanitärbranche: Nach der Badsanierung oder nach der Fertigstellung des neuen Badezimmers erfolgt die Endreinigung durch das Unternehmen. Und bevor das neue Bad offiziell an die Bauherren übergeben wird, ist es eine nette Geste, das Bad komplett mit bestickten Textilien auszustatten: kleine Handtücher, große Handtücher, zwei Bademäntel. Eine nette Geste, schick anzusehen und das berühmte Tüpfelchen auf dem i. Uns allen ist klar, dass die Handtücher natürlich nicht im neuen Bad bleiben werden. Aber sie werden zum Sport mitgenommen, in die Sauna, ins Schwimmbad oder in den Urlaub. Den neuen Bademänteln gebe ich sogar eine recht große Chance, im neuen Bad zu bleiben, wenn sie nicht zu aufdringlich bestickt sind. Die zufriedenen

Kunden sehen also regelmäßig das Logo des Unternehmers. Und die vielleicht 200 oder 250 Euro, die so eine Aktion kostet, sind doch locker in das Projekt von Anfang an hineinzurechnen. Ein Blumenstrauß ist hübsch anzusehen, aber doch nichts Innovatives. Nach vier Tagen wird er langsam welk. Tschüss, das wars. Aber nachhaltige Werbegeschenke, die hochwertig gemacht sind, mit denen beschäftigt man sich weitaus länger. Auch klar: Die Bauherrenfamilie wird bei jeder Gelegenheit die Sache mit den Handtüchern und den Bademänteln im Freundes- und Kollegenkreis herumerzählen. Allein diese Botschaft ist ein Vielfaches mehr wert als die vier Handtücher und zwei Bademäntel an sich. Wie gesagt: Es sind die charmanten Aufmerksamkeiten, die durchdachten Präsente, die netten Giveaways, die sympathisch machen und natürlich auch eine deutliche Abgrenzung zum Wettbewerb darstellen.

Die Badausstattung als Krönung des Auftrags ist beim Sanitärunternehmer als fester Prozess ins Unternehmen zu verankern. Schon immer wird die Endreinigung im Bad entweder selbst erledigt oder beauftragt. Dieser Prozess wird nun ergänzt um die kleinen Aufmerksamkeiten im Bad. Es kann nicht vergessen werden, weil es ein standardisierter Prozess ist, den die Mannschaft eingefleischt bekommt. Überlege nun du, welches durchdachte Giveaway für deine Company charmant wäre? Du kannst es sofort umsetzen. Oder, du rufst mich sowieso an, wenn du mit diesem Buch durch bist, um mit mir dein schlüssiges 360-Grad-Marketingkonzept zu besprechen. Dann werden wir uns auch zu diesem Prozess Gedanken machen und eine tolle Lösung finden, wie wir ihn in das große Ganze integrieren können. Ich bin mir sicher, dich mit den Beispielen auf diesen Seiten wunderbar inspiriert und auch motiviert zu haben, umzudenken – über den berühmten Tellerrand hinaus. Denn wer hat schon Zeit und Muße, sich im stressigen Tagesgeschäft solche Ideen auszudenken?

**Menschen wollen von
Gewinnern kaufen,
nicht von Losern.
Zeige deinen Erfolg!**

nils-brennecke.de

# KAPITEL 13

# DER GRÖSSTE FEHLER, DEN DU MACHEN KANNST

Die Firma war nicht besonders groß. Ein klassischer KMU-Betrieb mit 35 Mitarbeitern, familiengeführt in dritter Generation. Die Branche: Metallbau. Aus einer Schlosserei hervorgegangen, hat der Sohn des Gründers die Firma weiter ausgebaut und neue Geschäftsfelder hinzugenommen. Der Gründerenkel setzte gleich zu Beginn seines Firmeneintritts auf Automation und Effizienz und schaffte CNC-Technik an.

Und wie das immer so ist im Laufe eines Geschäftslebens: Irgendwann lernst du einen kennen, der mit einem für ihn unlösbaren Problem zu dir kommt – und just in diesem Moment hast du auch schon die Lösung parat. Zumindest in der Theorie. So ähnlich war es bei meinem Kunden auch. Die Firma läuft ausgezeichnet, die Auftragsbücher sind voll. Insbesondere die dritte Generation ist es, die permanent nach Innovationen schielt und vollkommen neue Lösungen anbietet. Das Leistungsspektrum wird dadurch breiter und somit entstehen auch viel mehr Kontakte. Dazu kommen zahlreiche Messebesuche des Nachrückers in ganz Europa – er will immer am Puls der Zeit sein.

Dann, eines Tages, die denkwürdige Begegnung mit einem Kunden, der es ganz genau nahm. Fast schon zu genau. Es ging um Dosierung und ums Wiegen von Pulver. Weil es aber auch den Medizinbereich betraf, ging es zudem um Reinraumtechnik und steriles Arbeiten. Kurzum: es galt eine Lösung zu finden, wie ein bestimmter Stoff in bisher nicht möglicher Weise abgewogen und danach sofort weiterverarbeitet werden könnte. Die amtierenden beiden Generationen zwei und drei machten sich ans Werk. Es begann eine unglaubliche Tüftelei. Plötzlich kamen elektronische Komponenten ins Spiel, von denen beide bisher noch nicht mal was gehört hatten. Im stillen Kämmerlein probierten und verwarfen und probierten und verwarfen Vater und Sohn Ideen und Lösungen, bis ihnen eines Tages der Durchbruch gelang. Sie hatten die Lösung gefunden, wie es technisch möglich war, die anspruchsvolle Anforderung des Kunden umzusetzen. In der Theorie war ihnen das längst alles klar – aber der Teufel steckt ja bekanntlich im Detail. Mehr als 600.000 Euro investierten sie in das Produkt, wofür sie sogar eine Vertriebslizenz von ihrem Kunden erhielten.

# OHNE MOOS
# NIX LOS

Warum erzähle ich dir diese Geschichte? Weil ich jetzt zum Kern komme – der mich betraf: Die beiden Tüftler, wie sie in keinem „Deutschland und seine Tüftler"-Bilderbuch besser dargestellt werden könnten, kamen nach dem erfolgreichen Abschluss ihrer Arbeit zu mir. Ich sollte für diese Superwaage „Werbung machen". Wir setzten uns zusammen und ich begann das klassische Interview: Um was geht es genau? Wer ist die Zielgruppe? Wie ist die Wettbewerbssituation? Und, und, und.

Zum Schluss fragte ich die beiden dann üblicherweise nach dem Marketingbudget. Diese Frage ist immens wichtig für den Dienstleister. Einerseits kann er sofort einschätzen, ob sein Gegenüber einigermaßen auf Augenhöhe in diesem Bereich mit ihm denkt und zum anderen weiß er sofort, wie umfangreich die Arbeit ungefähr werden kann. Da geht es nach der grundlegenden Konzeption, also der Bodenplatte für das Haus, vor allem um die verschiedenen Medien, auf die zurückgegriffen wird. Vergleichbar mit der Ausstattung des Hauses, das auf der zuvor hergestellten Bodenplatte errichtet wird. Viele Kunden denken, wenn man sie nach dem Budget fragt, dass man nur wissen wolle, wie viel man sich in die Taschen stopfen kann. Wäre dies so, gäbe es bald keine Marketingleute mehr. Also, lieber Leser: Sei von Beginn an offen, denn so kann sich der Marketingfachmann umso schneller ein Bild von der Gesamtsituation machen.

⌐Fakt war: Die Erfindung der beiden glich einer Sensation. Eine Vereinfachung für viele Unternehmen und somit für sie effizienzsteigernd. Am Ende für jeden, der die Technik einsetzt, ein Wettbewerbsvorteil und vor allem mehr Ertrag.⌐

# WENN DER MARKE-TING-FACHMANN DIE SEGEL STREICHT

„Wir haben 5.000 Euro eingeplant. Eine kleine Internetseite kostet ja nicht mehr." Wie bitte? Sie hatten also mehr als 600.000 Euro in ihr Produkt investiert – wohlgemerkt in eine Weltneuheit. Ihr Markt: die ganze Welt. Und die „Werbung" dafür soll eine Webseite sein – die nicht mehr als 5.000 Euro kosten darf? Ich bin selten sprachlos zu machen, hier fehlten mir im ersten Moment aber tatsächlich die Worte. Auf Nachfrage erklärten sie, dass ihre finanziellen Mittel mehr als erschöpft seien und sie sich für das Marketing keinerlei größere Ausgaben leisten könnten.

Als ich sie fragte, wie denn nun die Welt von ihrer genialen Erfindung erfahren solle, zuckten sie bedröppelt mit den Schultern. So gerne ich Daniel Düsentrieb und seinem Sohnemann auch geholfen hätte, ich habe das Mandat abgelehnt. Das Marketing inklusive Messepräsentationen hätte im sechsstelligen Bereich gelegen – von der Konzeption mit Strategie, über die Medienproduktion und die permanent nötige Kommunikation, nicht zuletzt die Buchungen und Ads in Social Media.

# KEIN MARKETING-BUDGET = KEIN UMSATZ

Ein weiteres Beispiel, das ebenso schockierend für mich war: Ein Kunde, ein erfolgreicher Industriezulieferer, kam auf die verrückte Idee, in Urlaubsgebieten am Strand Kabinen aufzustellen, in denen man sich per Knopfdruck mit Sonnenschutz einsprühen lassen kann: Rein in die Kabine, nackig machen (wenn überhaupt nötig), per Knopfdruck Programm starten, einsprühen lassen und wieder raus gehen.

Viele Monate wurde gebastelt, getüftelt und gegrübelt: Kabine von der Stange nehmen oder selbst bauen? Kunststoff- oder Metallkabine? Welche Sensortechnik ist die beste? Wie vermeidet man trotz Sprühnebel den Augenkontakt mit der Sonnenmilch? Wer betreibt die Kabinen? Soll es ein Franchisesystem werden? Was ist die optimale Dosierung pro Durchgang? Wie sollte am besten der Austausch der leeren Sonnenmilchbehälter vorgenommen werden? Was kostet ein Durchgang? Wie wird der Service bei Störungen oder Defekten gemanagt? Der helle Wahnsinn.

Irgendwann war der Prototyp fertig. Ich erhielt den Auftrag, das äußere Erscheinungsbild zu gestalten: Produktnamenentwicklung (Naming, wie der hippe Werber sagt), Logo, Corporate Design (CD) und Webseite. Wir gaben richtig Gas, entwickelten ein cooles Design und beklebten die Kabine entsprechend. Wir hatten sogar ein paar Fotos gemacht und die Webseite mehrsprachig online gestellt. Dann stand sie betriebsbereit in einer Ecke einer riesigen Fertigungshalle meines Kunden, in der im Dreischichtbetrieb Fahrzeugteile produziert werden: Pressen, tiefziehen, schweißen, fräsen, entgraten, schleifen – das volle Programm. Fertig, um durch die Welt zu tingeln und unzählige Sonnenhungrige vor dem Sonnenbrand und noch schlimmeren Folgen zu schützen. Fertig, um Fans zu finden, Kunden und möglicherweise Geschäftspartner.

Literweise haben sie sich testweise mit Sonnenmilch besprühen lassen. Wahrscheinlich brauchen sie nie wieder Sonnenschutz zu nehmen, wenn es in den Urlaub geht – der ist nach den vielen Testmonaten bestimmt bis in die tiefste Schicht der Haut vorgedrungen.

Ja, und da stand sie nun, die fertige Kabine. Schick und startklar. Und dabei blieb es. Denn als sie fertig war, wurde meinem Kunden klar, was ich ihm Monate zuvor schon versucht hatte klarzumachen: Jetzt muss ein richtiger Batzen Geld investiert werden, um Aufmerksamkeit und vor allem Vertrauen in die Sonnenschutzkabine zu gewinnen. Messeaktivität, Testkabinen für Hotels und Kommunen, Social Media ohne Ende, Videoclips – das volle Programm eben. Ein hoher sechsstelliger Betrag wäre nötig gewesen. Der war aber nicht eingeplant – bis zum Schluss nicht.

„Ich frage mich nach solchen Erlebnissen, die erstaunlicherweise immer wieder mal vorkommen, was die Menschen sich dabei denken? Sie investieren Unsummen in Ideen und Produkte. Schaffen einzigartige Lösungen und Innovationen. Aber ein Marketingbudget gibt's nicht. Und damit auch keinen Erfolg. Unglaublich – wenn ich es selbst nicht immer wieder erleben würde."

„Der größte Fehler, den du als Unternehmer machen kannst, ist am falschen Ende zu sparen. Kein Geld fürs Marketing bedeutet nämlich in den meisten Fällen: kein Erfolg."

# KAPITEL 14

# MITARBEITER QUALIFIZIEREN – VOM STAAT BEZAHLT

Es ist nachvollziehbar, dass Unternehmen zumindest technisches Know-how in Sachen Social Media im eigenen Haus haben möchten. Kleine Firmen können sich keinen inhouse beschäftigten Marketer leisten, der von früh bis spät alle Kanäle eifrig bespielt. Aber es gibt eine Möglichkeit, so etwas in abgespeckter Light-Version umzusetzen – mit offiziell weitergebildeten Mitarbeitern. KMU haben nämlich die Möglichkeit, eigene Mitarbeiter durch Weiterbildungen fit zu machen. Ziel ist es etwa, dass sie innerhalb des festgelegten Social-Media-Redaktionsplans auch eigenständig posten können – gemäß der Vorgabe oder Einarbeitung durch den externen Fachmann. Das Beste: Solche Qualifizierungen übernimmt kostenmäßig die Agentur für Arbeit. Qualifizierungschancengesetz für Arbeitnehmer heißt das Zauberwort.

Das Gesetz hat ein zentrales Ziel: Alle Arbeitnehmer sollen von einer Weiterbildungsförderung profitieren können – unabhängig von ihren Qualifikationen, ihrem Lebensalter oder der Größe des Betriebs, in dem sie beschäftigt sind. Die Voraussetzung dafür ist, dass sie vom digitalen Strukturwandel oder dem Strukturwandel allgemein betroffen sind oder in einem Beruf mit Fachkräftemangel arbeiten („Engpassberuf"). Vormals wurden insbesondere Menschen ohne hohe Qualifizierung und ältere Beschäftigte bei ihren Fortbildungen gefördert. Dies wird nun erweitert und die Förderleistungen verbessert. Neben der Zahlung von Weiterbildungskosten wurden die Möglichkeiten für Zuschüsse zum Arbeitsentgelt bei Weiterbildung erweitert. Beides ist grundsätzlich an eine Kofinanzierung durch den Arbeitgeber gebunden und in der Höhe abhängig von der Unternehmensgröße. Mit dem im Wesentlichen im Mai 2020 in Kraft getretenen Arbeit-von-morgen-Gesetz wurden die Förderleistungen nochmals verbessert.

Aber nicht nur im Bereich Social Media werden solche Fort- und Weiterbildungen angeboten und die Kosten übernommen. Entsprechende Bildungsträger haben einen ganzen Katalog an Themengebieten im Köcher, die interessant sind: „Werben mit TikTok", „Snapchat für Unternehmen", „Instagram für Unternehmen" oder „YouTube für Unternehmen" sind nur einige Beispiele.

Die Agentur für Arbeit übernimmt dabei auf der Grundlage des Qualifizierungschancengesetzes voll oder anteilig, je nach Art der Qualifizierung und abhängig von der Unternehmensgröße, die Weiterbildungskosten und erstattet dem Arbeitgeber bis zu 100 Prozent des Gehalts.

Die Voraussetzungen für eine solche Förderung sind extrem niedrig: Ist ein Mitarbeiter zum Beispiel ohne Berufsabschluss sozialversicherungspflichtig beschäftigt oder hat ein Arbeitnehmer einen Berufsabschluss, arbeitet aber schon insgesamt mehr als vier Jahre in einer anderen Tätigkeit – dann kann die Maßnahme zur Weiterbildung problemlos beantragt werden.

„Erwerben Sie bei voller Weiterzahlung Ihres Gehalts einen neuen zukunftsfähigen Berufsabschluss (auch Vorbereitung Externenprüfung) oder eine anerkannte Teilqualifikation (TQ) – extern bei einem zertifizierten Bildungsträger oder intern bei Ihrem Arbeitgeber (nur Berufsabschlüsse). Die Agentur für Arbeit übernimmt die vollen Weiterbildungskosten und erstattet Ihrem Arbeitgeber die Gehaltskosten bis zu 100 Prozent", heißt es bei der Agentur für Arbeit. Hat ein Arbeitnehmer einen Berufsabschluss und möchte seine Kenntnisse erweitern oder an neue Anforderungen an-passen? Auch dann ist eine externe Fortbildung bei einem zugelassenen Bildungsträger in einem Umfang von mehr als 120 Zeitstunden möglich. In diesem Fall können unter bestimmten Voraussetzungen die gesamten Weiterbildungskosten übernommen und dem Arbeitgeber zusätzlich sogar bis zu 75 Prozent der Gehaltskosten erstattet werden.

Einfach zusammen mit dem Arbeitnehmer das Qualifizierungsziel festle-gen und bei einem AZAV-zertifizierten Bildungsträger den entsprechenden Kurs belegen. Zugelassene Bildungsträger hat die Arbeitsagentur auf ihrer Webseite zusammengetragen. Üblicherweise handelt es sich bei derlei Weiterbildungen um staatlich geprüfte und zugelassene Fernlehrgänge. Die Weiterbildungen dürfen nicht gesetzlich vorgeschrieben sein. Nach dem Qualifizierungschancengesetz sollen Fertigkeiten, Kenntnisse und Fähigkeiten vermittelt werden, die ausschließlich über arbeitsplatzbezo-gene, kurzfristige Anpassungsfortbildungen hinausgehen.

Und die Qualifizierung einer oder mehrerer Mitarbeiter über die Arbeits-agentur hat weitere Vorteile:
Während der Qualifizierung können zusätzlich anfallende Fahrtkosten, Kosten für die auswärtige Unterbringung sowie die Kinderbetreuung über-nommen werden. Und es wird noch besser: Die Teilnehmer erhalten bei Bestehen der verpflichtend vor der Kammer abzulegenden Zwischen- und Abschlussprüfung eine Weiterbildungsprämie in Höhe zwischen 1.000 und 1.500 Euro.

Ein erfahrener Marketingprofi hat eine helle Freude damit, dein kleines und mittleres Unternehmen zur regionalen Marktführerschaft zu begleiten.

# NILS BRENNECKE – DER MITTEL- STANDSBERATER

Nils Brennecke, Jahrgang 1974, ist gebürtiger Frankfurter und wuchs im Vogelsberg auf. Er ist verheiratet und lebt seit Mitte der 1990er Jahre in Unterfranken. Die Schulzeit empfand er als Qual, weswegen er sich zu dieser Zeit mehr in anderen Bereichen engagierte: Das Schreiben für die regionale Tageszeitung und das damit verbundene Honorar empfand er beispielsweise wesentlich attraktiver als mathematische Formeln, Phänomene der Physik sowie Gerüche und Reaktionen von Säuren und Laugen im Chemieunterricht. Die Prognose seiner Lehrer für eine spätere Berufslaufbahn fiel dementsprechend düster aus. In unzähligen Praktika in der Werbebranche während der Schulferien machte sich Nils Brennecke sehr früh einerseits mit dem Berufsleben vertraut, andererseits mit vielen Disziplinen im weiten Feld der Werbung und der Kommunikation. Mit 18 Jahren schrieb er als jüngster Springer-Redakteur für die Redaktion der BILD Frankfurt. Diese Zeit hat ihn journalistisch geprägt.

In Koblenz leitete er Anfang der 1990er Jahre das Boulevardressort des Super Sonntag. Die Zeitung war eine der ersten kostenlosen Sonntagszeitungen in Deutschland. Anschließend leitete er die Redaktion des Prima Sonntag in Würzburg, die demselben Prinzip folgte.

Bei der Bundeswehr moderierte er beim Truppenbetreuungssender Radio Andernach für unterschiedliche Formate Radioshows und leitete dort den Boulevardbereich. Hier spezialisierte er sich auf Interviews und Beiträge mit und über die Stars im nationalen Showgeschäft. Während dieser Zeit absolvierte er einen mehrmonatigen Auslandseinsatz in Kroatien und in Bosnien und Herzegowina. Er schied als Stabsunteroffizier aus der Bundeswehr aus.

Von 1996 bis Ende 2000 moderierte Nils Brennecke bei Radio Gong in Würzburg die tägliche Feierabendshow sowie samstagsnachts die Hotparty – eine Call-In-Radioshow mit Kultstatus.

In der von ihm 2001 mitgegründeten Werbeagentur war er schwerpunktmäßig für KMU tätig. Die Entwicklung von erfolgreichen Marketingkonzepten für mittelständische Unternehmen betreibt er seit Jahrzehnten mit Herzblut und größter Freude. Brennecke baute sein Unternehmen zum regionalen Marktführer auf und beschäftigte mehr als 20 festangestellte Mitarbeiter. Nach knapp 20 Jahren entschied er sich zum Verkauf seiner Anteile an der Werbeagentur.

Für Flyeralarm, ein in Europa führendes E-Commerce-Unternehmen sowie Marktführer im Bereich des Onlinedrucks, brachte er ab 2018 neue Geschäftsfelder ein und leitet dort als Head of Corporate Publishing die Abteilung für die Entwicklung und Produktion von Kundenmagazinen. Schwerpunkt seiner Arbeit als Kreativer sind die Bereiche Marketingkonzept- und Strategieentwicklung und Integrierte Kommunikation.
Durch die Entwicklung des weltweit ersten Printmagazins zum Thema NFT kam Brennecke mit dem Krypto-Space in Kontakt. Seither gilt er hierzulande als führender Journalist in diesem Bereich.

Zahlreiche Buchveröffentlichungen führten bisher zu einer Gesamtauflage von mehr als einer Million verkauften Exemplaren. Die Prognose seiner Lehrer bewahrheitete sich nicht.

**Übersicht der bisher erschienenen Bücher von Bestsellerautor Nils Brennecke:**

- Warum hat der Trabi Räder? – Die schönsten Trabi-Witze, Rowohlt, 1990
- Das Superbuch der Schülerwitze, Rowohlt, 1991
- Mit Fuchsschwanz und Spoiler – Die allerletzten Manta-Witze, Eichborn, 1991
- MeinFranken persönlich, Echter, 1999
- Du Warmduscher – Meckern für Weicheier, Eichborn, 2000
- Du Mike-Tyson-Schubser – Die Rache der Weicheier, Eichborn, 2000
- Ich habe fertig – FC Bayern-Witze, Eichborn, 2000
- Neues von der Gehhilfe – Trabi-Witze, Eichborn, 2000
- Der Discoknigge – Anbaggern, abgreifen, abschleppen, Achterbahn, 2001
- Arsch hoch – Das Motivationsbuch, Selbstverlag 2011
- Einmal Werbung und zurück – Ein Handbuch für den Mittelstand, Selbstverlag, 2014
- Schweinfurt – Die schönsten Geschichten der Stadt: prominent, kurios, geheimnisvoll, HaardtLine Verlag, 2021
- So geht Marketing – Wie du mit dem 360°-Konzept endlich durchstartest und Abzocker entlarvst, HaardtLine Verlag, 2023

nils-brennecke.de